ビジネス
エリート

国際企業人の
エピソード45選

後山 茂
Shigeru Atoyama

ふくろう出版

はしがき

社会人として働き始めた頃は、私自身はサラリーマンということばで代表される会社員であったと思います。普通に働き、普通に給与を受け取って生活をすることに夢中でした。それがビジネスマンになり、ビジネスエリートをあこがれの存在として考えるようになりましたが、それがいつ頃だったか、明確な答えは持っていません。

大学を卒業して、幸いにも大企業と呼ばれる総合化学メーカーに入社しました。企業はビジネスをするところであって、その組織の一員は単に労働力の対価としてのサラリーを受け取るだけの存在ではない。ビジネスを遂行する人がその構成員でなければならないと、次第に思うようになりました。

私の会社人生は、ビジネスエリートとは何かを追求する連続ではなかったのだろうか。エリートであればこうするだろうか。いやこんなことはしないだろう。それではエリートであればこうすべきなのか。いやこんなことはするべきではないか。自分であればどうするのか。

そんなことをまとめたのが本書ということになります。新入社員の頃からの話を、おおまかにいって年代順に並べています。そのほとんどは私が体験したことをベースにしたものです。私の記憶する限りにおいて、事実に基づく話ということになります。ただ、何十年も前のこともあり、事実を確認しづらいものがありました。さらに自分の記憶をよみがえらせるために懸命に自分自身を追い込みました。

私は国際人になりたいと願っていましたし、グローバル化の時代に羽ばたきたいという夢も持っていました。そのためにもがいたことが懐かしくもあります。

本書にはビジネスを実践する会社員とは別の視点からの、私の思いも挿入していますす。ものごとの本質をつかみ取ろうとするための私の見方、哲学を表現しようと試みたものです。

私は多くの人がビジネスエリートになってほしいと思っています。会社組織の一員となったからには、そこに自分自身の充実した会社人生を求めることができるはずです。その具体的な一つ一つの規範について、私の経験なりモデルを例として紹介しました。私自身の会社人生をたどっていますが、みなさんにいろんな視点からみていただければと願っております。

これからビジネスの世界に入る人、既に充実した会社人生を送っている人、あるいは会社人生を振り返っている人も、それぞれのビジネスエリート像というものがあるのではないでしょうか。私が本書で提示したそれぞれの状況や場面で、みなさんはどのように対応されるのでしょうか。そのみなさんの対応を私が知ることは不可能なのですが、興味のつきない夢でもあります。

二〇一九年五月

後山　茂

目次

1．一九七九年十二月　テヘラン

私は会社に三十八年勤めたのですが、その間に約七百日海外出張を経験しました。そのほとんどは一九七九年から一九九八年の二十年間のもので、二十代の後半から四十代の前半でした。私の世代におけるメーカーの営業マンとしてはかなりの海外経験者でしょう。

もちろん仕事で行っている訳で、外国を楽しむというのは不届きなことであるのですが、それでも私が生きるうえで仕事を離れても貴重な人生経験となったと思っています。「役得」といえないこともないのですが、直接的な経済的利益を得た訳ではなく、内面的なものであると考えています。

一九七九年六月に初めて海外出張しました。香港・台湾・韓国の三か国で九日間でした。この初めての海外出張から約半年後の十一月二十五日に、東南アジアからインドへの出張に出かけました。入社三年目で、ようやく新入社員状態を抜け出せるかどうかの頃です。

当初は二週間の予定でボンベイ（現ムンバイ）を最後として大阪に帰ることになっていました。出張は予定通りに進んで、ボンベイで一泊してようやく日本に帰れると思ってほっとしていました。そんな時に駐在事務所長の中路（仮名）さんから、「C商事から依頼があって、テヘランまで足を伸ばしてほしいということだ」と大阪本社の上司からのテレックス（テレプリンターを用いて通信文を伝送）を見せられました。

テヘランでは米国大使館がイラン人によって占拠され、米国外交官その他が人質となる事件が発生したばかりでした。この事件はその年の十一月四日に発生していました。外交官特権を持っている人が治外法権である大使館で人質になっているなどおよそ考えられないことですが、現実にこのあり得ないことが起こっていました。日本人も多くの人が国外に退去しています。

「われわれが取引している大手商社のイランの駐在員も例外ではない。今回われわれとタイアップしているこのC商事でも日本人駐在員は何人残っているのだろうか」

私の脳裏を一瞬そのようなことがかすめましたが、「行きます！」と中路所長に答えて大阪へのテレックスの文案を書きました。

「よろこんでテヘランに出張します。（後略）」

などと書いたものを中路所長に見せたところ、

「前田（仮名）君！何を書いてるんだ。出張に行くのに『よろこんで』はないだろう」と厳しく叱責されました。

「現地がぶっそうなことは分かっている。行きませんという返事もあり得る。そうではなく行くというのであるから、渋々ではなく『よろこんで』とした」

というのが私の趣旨でしたが、

「君なあ、仕事での出張というのをどう考えているのか。遊びではない。よろこんで行くものでもない。出張命令にもとづいて行くのだ。テヘラン出張のご下命をいただきたくお願い申し上げますと、テレックスを書き直しなさい」

と指導を受けました。

そんなことでしょげていた私ですが、一つラッキーなことがありました。テヘラン行きを控えた前日にボンベイ屈指のタージマハールホテルで夕食ということになったのです。ちょうどわが社グループでも一番か二番の大きな子会社の代表取締役がボンベイに来訪していて、その末席についただけですが、新人に毛の生えたような者が高級ホテルで食事というので、こういうこともあるのだと、妙に感心していました。

翌日、中路所長からは、

「テヘランでC商事に連絡がつかなければ、ホテルＫＩＴＡＮＯに行きなさい。そこに行けば、後は何とかなるはず。日本人もいるから」

とだけ指示を受けました。入社数年の日本人会社員が一人で宿泊する場所も決めずに、無法地帯といってもいいテヘランに行こうとしている。もしあの時独身でなければ出張を断念していたかも知れないと今にして思うのです。

十二月十日の早朝にテヘランのメハラーバード国際空港に着きました。深夜ボンベイ発でカラチにワンストップしての現地入りです。眠たい目をこすりながら入国審査を出ましたが、C商事からの迎えはなさそうでした。当時はもちろん携帯電話もありません。公衆電話があったかどうかは覚えていません。あったとしてもかけられなかったでしょう。通貨交換の銀行もオープンしていませんでした。

空港で九時頃まで待つべきかと迷いましたが一時間以上は待つこともしんどい。意を決してタクシー乗り場に行きました。しかし一台もありません。いやな予感がしてきましたが、十分か十五分くらい待ったでしょうか、一台の車が近づいてきました。白タクでした。仕方なく乗って「ＫＩＴＡＮＯホテル」と告げました。何ドルで手を打ったのかは忘れました。市内のホテルまでは三十分くらいのはずでしたが、五分もしない間に一旦停止すると別の乗客が一人近づいてきます。東洋系の人の相乗りでした。

別に話題もなかったのですが、出稼ぎの韓国人であることが分かりました。その人とそれ以上話すこともありませんでしたが、かれは二十分ほどして降りました。もうすぐ市内に入ってＫＩＴＡＮＯに行けると思った時、運転手は私をちらっと見て、「ドルを交換してくれ」と言ってきました。

やばいと思いましたがどうしようもありません。いくらだと返答したところ「五十ドル」の声を聞いて安心しました。これくらいで無事にホテルまで行けるのなら御の字でした。現地通貨のリアルでいくらもらったかなどはどうでもよかったのです。

ＫＩＴＡＮＯホテルにはたどり着きましたが、日本人などいませんでした。ホテルのフロントからなんとかＣ商事の日本人駐在員に電話連絡できてほっと一息つきました。ヒルトンホテルを予約してもらっていました。ホテルでブランチをとったかも知れないけれど、よく覚えていません。それよりも顧客の工場を回る予定の確認が優先でした。何せテヘランは一泊二日の予定でした。その間に主要客をできれば三か所訪問したいのです。いずれもテヘランで有数のレザー工場です。二工場回ったのか三工場であったのかの記憶は明確ではありませんが、それでもこの出張期間に私が担当している繊維素材製品の一百万メートルの輸出契約（客側としては輸入）ができました。売上にして五千万円は超えていたでしょう。当時の私の販売ノルマの二か月分くらいでした。

食事は全面的にC商事にお世話になりました。C商事も日本のメーカー営業担当者である私に出張要請をしたのですから、それなりに契約交渉の準備をしていたはずです。顧客のイラン人も米国大使館の人質事件で騒然となっているテヘランに、わざわざ日本人が取引のためにやってくることへの多少のねぎらいサービスもあったのだと思います。

当時のテヘランがどうであったかというつもりはありません。私はC商事との仕事を通じてそのごく小さな部分を述べているに過ぎません。一泊二日しかないテヘランでしたが、一日目の顧客工場の訪問を終えてからの夕食はC商事のテヘラン支店長の住まいでした。人質事件の後、日本との商取引にも大きく影響が及んでいました。C商事の日本人駐在員は十二月十日の段階ではごく限られたところでしか食事ができませんでした。数十人いた日本人もK支店長やわが社関係の担当者であるNさんなど、総勢八人程度に削減されていました。夜は満足に外出もできないありさまです。

「一宿一飯の恩義」などという古いことばがありますが、この場合「一飯の恩義」は今でもC商事のみなさんに感じています。その夜イランではすでに御法度になっているアルコールにもあずかれました。日本人がいわば日本を代表してイランとの間で経済的取引をしている。大げさにいえば、米国と紛争状態となっているイランという国の中で、繊維分野で特に強いこの日本の大手商社と大手総合化学メーカーが、民間外交のようなものをしていたのです。

国と国とはそのレベルで取引をする。われわれ民間企業の会社員はそれぞれの役割を果たします。イランと米国が喧嘩して戦争状態に近づいても、日本とイランとの関係がそれによりどうなったとしても、日本人の単なる会社員がどうということもないのです。自分自身の仕事をやるだけでした。

私が訪問した一つの顧客工場の責任者はホメイニ革命の指導者たちのことを「アニマル」と評していたことを覚えています。イスラム革命下の新秩序が形成されようとしている時に、既存秩序を支えていた人たちにとっては、当時の「革命」という行為はアニマルのやることと思えたのでしょう。国際法を無視した外国人に対する扱いには何ともいいようがありません。しかしそのような国の人たちと輸出入の取引を行っている外国人とは、一体なんだろうかという疑問も出てきます。取引をするのが正義か、しないのが正義か。

ここで思い返したいのですが、私が新入社員の時の上司で、当時のボンベイ事務所長のことばです。テヘランには「出張命令に基づいて行くのだ」です。会社員の仕事とはそういうものなのでしょう。C商事の人もそうです。毎晩エリート社員八名が支店長宅でこそこそ食事をして、周りの様子を窺いながらその日を過ごさなければならないのはなぜでしょうか。国際ビジネスパーソンが日本のビジネスパーソンと異なる点があるとすれば、日本の法秩序と常識とが通用しなくなっても、なおかつ日本の法秩序と常識に基づいて仕事をしなければならないという矛盾を乗り越えなければならないことにあると思います。出張命令が出れば、それに基づいて日本人の会社員として仕事するのです。

わずか二日間のテヘランではもちろん観光はゼロでしたが、泊まったヒルトンホテルで印象に残っていることがあります。朝窓越しに山々を見ていた時で、北側には三千メートル級の山脈が続いていました。日本の山と違って砂地の山肌であり、この地域は中東の砂漠地帯であることを実感しました。加えて山の上のほうは雪に覆われていました。十二月も十日を過ぎていたので当然の景色だったのでしょう。

一応の仕事を終えてテヘランから帰国することになりました。空港へはC商事の人に送ってもらいました。欧州からの中東回りの便で日本に帰ります。空港では人が少ないと思っていましたが、日本への便は限られていたようで、搭乗カウンターでは長い列に見舞われました。たまたま日本語が聞こえたので振り返ってみると、日本のテレビ局の方が数名いました。話しかけてみればテレビ朝日の職員で、放送用の機材を持ったり、引きずったりしながら並んでいます。

日本の若造と分かったので、

「一人で怖くなかったですか？」

とあいさつのようなことばが返ってきたのでしょう。

「いや仕事ですから…」とことばを濁しました。

聞けば、テレビ朝日系列の報道番組『日曜夕刊！こちらデスク』のスタッフでした。日曜の夕方六時から三十分間の番組で、筑紫哲也さんがメインキャスターでした。

「毎週見ていますよ」と言うと、

「インテリの番組ですよ」

と言いながら、日本ではもう放送は終わっていて、スタッフは今から帰国の途につくということでした。もちろん「放送が終わっていて」というのは在テヘラン米国大使館の占拠・人質事件に関する番組の放送です。

チェックインするとその後出国審査です。パスポートを見せようとしましたが、一瞬後ずさりしました。審査官の斜め後方の高い壇の上から軍服を来ているのではないかと思われるひげの立派な人が、どっしりと椅子に腰を下ろしています。そしておそらくは実弾を込めているであろうライフルを抱えていました。こちらに照準を合わせているのか合わせていないのか、生まれて初めて至近距離から見る実弾入りのはずのライフルでした。テレビ朝日の人たちに「怖くなかったですか?」と聞かれた時までは怖くなかったのですが、このライフルを見たとたんに怖くなり身がすくんだのです。

翌日の十二月十二日に帰国しました。十三日に会社の上司に出張報告をした時には、よくやったとのねぎらいのことばをいただきました。イランの顧客との契約は私の属する事業部にとっても意義ある取引でした。

人質事件はその年十一月四日が始まりといわれています。四百四十四日目に解決したというのが一般的な説です。私が出張した時は事件の初めのほうということになりますが、騒然とした時期でした。その後四十年近く経過しましたが、イランと米国の関係は本質的には何ら変わっていないといえます。

あの時のテレビ放送の内容がどんなものであったかは知りませんが、私には自分なりのテヘランに関する番組はできていました。国際ビジネスパースンになるための基礎勉強をたたき込まれ、自覚したという時間であったと今でも考えています。

2．社内恋愛

随分と陳腐化したことばに思われるこの社内恋愛ですが、今でもこの男女の関係のことについて実態はその新鮮さを失っていません。およそ男と女がいて恋愛のことが発生しない訳はないのです。昨今は男同士、女同士も特別でもないとみなされています。

私が勤めた会社は大きなくくりでいえばメーカー、それも大企業です。本社事務所もあれば工場もあります。営業所も日本中にあります。私が会社に入ったのは一九七〇年代後半でしたが、その後何十年も経ち、日本における会社の恋愛事情はどうなのでしょうか。
私自身が見聞きしたことを振り返ってみると、いろいろなヒントが得られるかも知れません。初任配置である大阪本社（実質の本社は東京ですが）の新人研修で社内恋愛についてひと言ありました。以下、ある役員待遇Xさんの話です。

—私の部下で印象に残る社内恋愛なるものがあった。若手男性社員のA君と若手女性社員のBさんである。ふたりは社内でつきあい始めていい仲になった。そしてお定まりのコースである男女関係を持った。別に悪い話ではない。社内であろうがなんであろうが、若い男女が恋愛するのはめでたいことではないか。

ところが、話はここから大きく展開するのです。BさんはA君に結婚してほしいと迫りました。A君はBさんを悪く思っているはずはないが、結婚をするというところまで気持ちが定まっていません。業を煮やしたBさんはふたりの上司であるXさん（当時は部長？課長？）にA君との関係を話し、XさんからA君に結婚のことを説得してほしいと頼みました。
Xさんはある時A君を呼んでBさんからの話を伝えました。そして次のことを付け加えました。
「君なあ、社内の女性と関係を持って、女性が結婚してほしいというのであれば、男として結婚しなきゃいけないことぐらいは分かるだろう。Bさんと結婚するだろうね。もし結婚しないというなら、辞表を書け！」

—それから何日か経ってA君は私のところに来た。結婚承諾の話と思っていたら、辞表を持ってきた。これには驚いたよ。

これ以降の話について私は覚えていません。というよりはなかったはずだと思っています。私自身は当時も今もこの話の信憑性に疑問を持っています。もちろんこれに類する話は社内でもいろいろとあるでしょう。しかし、Xさんの実際の部下同士のこととなると、本当なのかと思いたくもなります。いや、これはどこかからXさんが仕入れてきた話ではないでしょうか。

とはいってもXさんの話自体の意義が失われるということではありません。要するに私が勤務した会社では社内恋愛には厳しかったのです。

それでは社内恋愛に厳しくない会社があるのでしょうか。いくらでもあるといったほうが正しいと思います。私が仕事の上で知り合った会社の人たちの話を聞く限りでは、「わが社」とは大きな考え方の差があったのです。ひと言でいえば、仕事さえしっかりやれば、社内の男女関係のことは不問ということです。

私の営業先のある大手商社の話です。夜一緒に食事して機嫌よくなって、社内恋愛のことを話題にした時でした。その営業担当男性は、

「前田（仮名）さん、わが社では営業成績が上がれば、女性のことなどなんともいわれませんよ。女性とうまくやるなどはその人の能力の一部とみなされます」と言い、そのことを私は随分とうらやましく思ったのです。

ここで注釈を付けなければならないのですが、その大手商社でもスキャンダラスなことになった場合は例外として問題になると思われます。ただ、仕事がよくできればほとんど問題にならないのでしょう。

社内恋愛が進み、結婚に至ればすばらしいことだと思うのです。実際に社内に異性の相手がいれば、その対象者の情報がたくさん入ってきます。私が若手独身社員といわれた頃、すなわち一九七〇年代後半から一九八〇年頃、社内ではこんなことをよく耳にしました。女性社員の何割かは社内結婚を求めて入社してくる人がいると。一方、男性社員にもその種の人がいておかしくはないでしょう。

そういえば、わが社にいた女性社員から、

「前田（仮名）さん、会社に入って若手で自分の結婚対象となる男性社員は一、二年で大体分かります。三年とかからないのです。結婚相手を探すのが入社の大きな目的の人は、大体三年をメドにして会社をやめる人が多いのです」

と言われた時には、胸にぐっと来るものがありました。私は入社して三年は仕事に全力傾注と考えていた訳で、特に注意を要する社内女性との付き合いにはおおいなる警戒をしていました。

私は若手社員の頃からずっと社内恋愛は戒めてきました。当然ながら結婚してからも、女性社員を「女性社員」としては見ていましたが、「女性」としては見なかったと思っています。一般にいう魅力的な女性は何度となく見ましたが、いい女性がいるなあ、と思っただけです。男としてなんとも情けない存在であったかも知れません。

二〇一〇年代も後半の今の時代、二十年前、三十年前とは格段に女性の職場進出が進んでいます。今やどんな社内恋愛事情があるのかよく分かりません。会社を離れて、一般的な恋愛や結婚の社会的な変化は年をとるにつれて感じとってはいるつもりです。ずっとずっと自由な恋愛や結婚のかたちができてきている以上、会社という組織もその流れに逆らえるものでもないでしょう。男性社員と女性社員がいる組織では、恋愛や結婚という関わりが絶対に存在する訳です。

社員同士の社内で付き合うことの難しさや煩わしさを超えて、すばらしい相手を選ぶ確率は、社内恋愛を通じたほうがその他の環境よりも高いのではないかと考えます。平凡に愚直に恋を追求できれば、こんないいことはないというのが、今となっての私の何となくの結論です。

3．営業の極意 ― 相手の立場になって考える

会社での仕事の職種といえば入社から輸出販売が中心でしたが、国内販売も経験しました。私が二十代後半から三十代前半にかけての部長、事業部長は酒井（仮名）さんでした。

社内には酒井さんのことを「営業の達人」と呼ぶ人もいました。その酒井さんの営業哲学のようなものがありました。ご当人も最重要と考えていたのが、「取引の交渉は相手の立場になって考えなさい」というものでした。その他に

「悪いことは先に相手にいいなさい」であり、

「価格提示は自分ではなく相手からさせなさい」

がありました。この三つの営業指針について考えたいのですが、営業指針の本質のこともあり、「相手の立場」については最後に述べます。

その前にまずこの事業部長酒井さんのバックグラウンドをみます。私より十五歳ほど年上です。和歌山県の糸商の子息として育ち、関西の大学を出て、繊維関係の上場会社サラリーマンとなりました。その会社からわが社に若い頃に途中入社しています。考え方や行動の仕方は大阪の商売人と考えてよいでしょう。

まず、「悪いことは先に相手にいいなさい」は、なかなか実行できないことです。これをせよといわれていました。

取引交渉で、実はこういうことがあるのですと相手にとって不利になることや困ることを切り出すと、その取引・商売が暗礁に乗り上げることがあります。それでも相手から、

「なぜはじめからそのことをいってくれなかったのですか！」

などと言われる場面になれば、それこそ最悪です。目先の交渉を優先してしまい、いい話のみを相手に伝えて、途中まではうまくいくかも知れませんが、結局は難し

い局面に突入してしまいます。これを避けるための商売哲学といえるのです。

次に、「価格提示は自分ではなく相手からさせる」は、自分が営業すなわち売り手となった場合に、最初に相手から価格をいわせる趣旨です。なぜなら、自分たち売り手側の売価格は相手の価格提示以上になるというのです。もし先に自分たちの売値をいえば、その価格が一番高いものであり、そこから売値が上がることはないというのです。理屈といえば理屈です。酒井さんからすれば、相手から値段を先にいわせることそのものが商売の駆け引きであり、商売人としての能力の一つなのでしょう。

さて、ここで「相手の立場になって」を考えたいと思います。これは何も酒井さんの専売特許ではないし、商売や取引といったことだけに限るものでもありません。広くいえば人生哲学のようなものでしょう。ただ、こと商売とか取引との関係すなわち会社員としての行動哲学と考えれば、より具体的な指針となるでしょう。

営業すなわち販売でありセールスですが、相手の立場になって考えるとは何を意味するのでしょうか。売る側の立場や論理を押しつけないことなのでしょうか。相手の買う側から考えることなのでしょうか。あるいはもっと踏み込んで相手が納得するように妥協・譲歩するという意味なのでしょうか。あるいはまた、単に自分のことも相手のことも考えて足して二で割ることなのでしょうか。

しかし、私は敢えて反問したいのです。相手の立場で考えれば自分の立場はどうなるのかと。何という屁理屈だと思われるかも知れませんが、実際に自分の立場を考えるという前提がなければ販売は成り立たないのではないでしょうか。

ここで一つ注釈を入れたいと思います。私が勤めていたメーカーは商品の多くが対顧客個人への販売ではなく、企業・会社への販売であり、お互いプロとプロとの取引です。そこには戦略もあれば戦術もあります。

一体この本質は何でしょうか。要するに相手、会社であれ個人であれ、をよく知ることではないでしょうか。別に狭義の「相手の立場になる」必要はなく、相手がどんなことを考えているか、どう行動するかを知る努力をすることです。これを押し進めていけば、相手の行動が予測できやすくなるからです。

完全に相手の立場になって考えるとすれば、たとえば相手の買い手は、売り手であるわが社の原価コストを知りたいはずだと思い当たります。それなら原価コストを相手に知らせるかといえば、そんなことはありません。相手の立場になって考えるといっても、相手の要求を満たすという意味ではありません。売り手として相手（買い手）の要求に応えられる範囲は限定されてきます。

実は買い手であっても弱みはあるのです。私は購買担当者との折衝・取引が多かったのですが、購買担当にとって何が一番つらいかといえば、値段ではなく商品購入の現物確保です。逆に商品購入量が限定されるようであれば、極端にいえば二倍の値段でも購入せざるを得ないのです。

相手の立場で考えるということは相手を知ることであり、相手を知るということは、相手の自分に対する考えや行動を予測して知ることにつながります。相手の立場で考えれば、相手も自分と同じように有利な面もあれば不利な面もあることを理解できると思うのです。

相手個人を知り、相手の属する組織（会社）を知るのです。それを知るためには自分を相手にも知らしめる必要があります。私はそれを肝に銘じていました。だからこそ取引相手との関係構築には時間がかかるのです。取引事案や関係組織（会社）がどのようなものであるかによってこの時間や努力の量も異なってくるのです。

「営業の極意」を論じるなどは私にとって大きすぎる問題です。ただ、私は営業を二十数年経験したことをベースにして自分と相手との仕事における進め方の哲学の一つとして、「相手の立場になって考えて」取引・折衝をしてきたと思っているのです。

4．紙おむつプロジェクト ― 国際人への道　その1

一九八〇年代の前半は日本におけるビジネスの国際化が顕著になってきた時代であったと思います。一九七〇年代までは貿易とか国際化といっても日本が輸出拡大を重点的に進めていた時代でしたが、輸出先導の時代が終わりつつあり、いわゆる貿易摩擦問題がクローズアップされるようになってきていました。

そんな中で私は十年に一度経験できるかどうかといった仕事に出くわしたのです。外資系の日本X社の紙おむつの部品に使用される材料の開発販売でした。当時、その親会社である米国X社は、米国中西部の州に本拠をおく多国籍の巨大企業であったし、超優良企業でもありました。私が勤めていた会社も日本では大企業に入っていたのですが、米国X社に比較すればその規模において引け目を感じていました。感覚的にいえば売上高、従業員、利益の総合で一対五という感じで、二〇一〇年代後半においても、少しだけ差が縮まったかどうかでしょう。

その日本子会社で使い捨ての紙おむつの有名ブランドを販売し始めたのが一九七七年で、当初は製品の輸入販売でしたが、日本に工場を建てて製造販売しようということになったのが一九八〇年ごろと思われます。紙おむつのアセンブリー（組み立て）工場に、ベビーの肌（お尻）に直接当たる部品である「トップシート」と呼ばれる材料を供給・納入するためのプロジェクトのようなものが、私の所属する事業部に設けられました。

紙おむつの販売は日本ではX社が先駆者でしたが、日本の大手家庭用品や大手女性用品のメーカーが参入してマーケット・シェアを分ける三強の時代となりつつありました。私は本来の担当は輸出でしたが、外資系X社ということで同社への販売プロジェクトのメンバーとなりました。X社の研究所の責任者いわく、平社員ながら販売プロジェクトにおける「チーフコーディネーター」と呼ばれるようになっていました。

X社工場の稼働開始は一九八二年だったのですが、大阪市の淀屋橋にあった本社の購買部に飛び込みで営業に行ったのはその前年の頃だったと思います。酒井（仮名）事業部長（当初は販売部長）と橋田（仮名）販売課長（次長格）と私の三名で、X社のそれほど愛想の良くない購買担当者と会いました。そのそっけない対応に、

「外資系はこんな感じなのか？」と思ったくらいでした。

とはいえ、とにかくわが社の不織布（細い繊維からなる樹脂シート）を売り込ま

なくてはなりません。一平方メートル当たりせいぜい一五グラムから二〇グラムの重さしかないポリエステル（ＰＥＴ）ないしはポリプロピレン（ＰＰ）を原料とした樹脂のシート状のものです。とりあえずは早い時期にサンプルの提出まで持ち込まなくてはなりません。

その頃は自分自身で紙おむつの勉強をしなければなりませんでした。国内の紙おむつ製造販売会社は四国に多くあり、これら紙おむつメーカーに対する営業活動も前任の中堅社員から私が替わって担当することになりました。大手のユニ・チャームや大王製紙にはよく通いました。その他では今の四国中央市にある小型メーカーにも営業に行きました。紙おむつの機械メーカーである大阪の瑞光鉄工（現在は上場企業である瑞光）もまだ町工場に毛が生えた感じのする時代でした。プロジェクトで日々行動をともにすることが多かった橋田課長には公私にわたりお世話になりました。仕事では厳しい指導の中に温かさを感じていました。

私は日本における紙おむつの普及というのは、ちょうどテニスの普及と重なる要素が大きいと思っていました。社会をある視点から観る哲学のようなもので、日本人の所得の向上とか豊かな社会の到来を感じさせるものと考えました。

このシート状の素材商品は、繊維分野の中ではかなりの拡大・成長が見込めるものであり、自分の職場におけるこのポリエステル（PET）ないしはポリプロピレン（PP）を原料とするスパンボンドという不織布商品の将来がかかったというか、将来をかけてもいいくらいの仕事でした。同時に日本における紙おむつの普及に携われることの予感というものをうれしく感じていました。

当時の日本X社は大阪市の淀屋橋に本社事務所、松屋町筋近くに研究所があり、兵庫県に工場がありました。毎週のごとくこれらX社の拠点に通いました。わが社がやろうとしているのは、日本でアセンブル（組み立てる）する紙おむつのトップシートの素材開発です。滋賀県守山市にある工場技術者たちと一緒になって、最適素材をつくっていかなければなりませんでした。

ここでX社の購買担当のT氏が出てきます。もちろん英語は堪能です。その上司のY氏はさらにうまく、プロの通訳レベルといえるでしょう。X社内では英語がオフィシャル言語であり、日本人もこれに対応しなければならないのです。ある日本人研究員は、

「この会社では英語ができないとだめです」

と嘆いていました。実質的にX社に吸収された会社出身の日本人社員は、英語で相当程度苦労したようです。

私の英語がどの程度だったかというのは正直よく分かりません。社内では少しはしゃべれるほうでしたが、書くほうのレベルはたいしたことはないという自覚は持っていました。

その頃ベルリッツのレッスンを受けました。当時四十分の個人レッスンで八千円だったと思うのですが、レッスン三十回分と入会金等で約二十七万円（？）は私のボーナスの手取りの五〇％程度にあたりました。若かった当時の私にすれば、思い切った自己投資ということになります。

レベルアップを図るねらいもありましたが、自分のレベル測定が主ともいえました。奇妙なことに私の英語は日によってレベルが違いました。調子が出ない時もあったのですが、調子がいい時はよくしゃべれました。ある先生からは、

「あなたの発音はほぼ標準のアメリカ英語であるが、少し南部なまり的な個所があるね」

と言われ、その先生に、

「席を替わろうか。教えている私の席のほうに来るか？」

とも言われたことは今でも覚えています。お世辞とはいえびっくりしました。調子よすぎるくらいしゃべれた時のことでした。

X社のプロジェクトでは接待についても勉強しました。なんとか購買担当の日本人T氏に取り入る必要がありました。このあたりは酒井事業部長の得意とするところであり、会食やバー、スナック、カラオケとお決まりのコースではありますが、結果的に取り入ることに成功したといってよいと思います。

そういう時T氏の経歴すなわち学歴職歴を橋田課長から聞かされた時は驚きました。そのあたりのところまでは情報収集しなければならないのでした。購買担当者の弱みや強み程度は把握しなければ、重要案件における営業活動はできないと悟りました。海外で輸出関係の営業をしていましたが、接待や各種情報などは商社に頼るところが大きかっただけに、「営業担当者」のその面での不勉強さをおおいに反省する機会ともなりました。

工場では主任（課長代理格）の技術者大川（仮名）さんがプロジェクトの一員となりました。私よりも十歳ほど上で、学研肌ではなく、実務・実践的に粘り強く進めていくタイプでした。平社員の私のアドバイザー役になっていただく形になってしまい、大川さんには申し訳ありませんでしたが、仕事上のことということで割り切っていただきました。プロジェクトが終わってからも、大川さんが定年となるまでいろいろとお世話になりました。このプロジェクトの頃の仕事が二人の関係の共通体験として残ることになりました。

X社がきっかけとなり、西日本のその他紙おむつメーカーの営業も担当することになったことは前述しましたが、大手のユニ・チャームとポテンシャルのある大王製紙や東洋衛材といったところにも出入りしました。特に東洋衛材の営業部長S氏には目をかけていただきました。私のある種まじめすぎるくらいの「熱心な」営業活動が同氏の流儀にかなったのでしょうか。私自身に直接ではなく私の上司に対して、私のことをほめてくださっていたようでした。

その頃、わが社の大阪本社事務所近くにある北新地のスナックで、その営業部長S氏とばったり出くわしました。その時ですが、客としては私より古いS氏が店の女性に私のことを次のように紹介したのです。

「業界では泣く子もだまる前田（仮名）さん！」

これにはその女性がびっくりしました。私は今でいうアラサー独身（男性ですが）でしたが、店では仕事の話はほとんどしないし、軽い話題で私の息抜きのようなことの相手をしてもらっている訳で、その女性が「泣く子もだまる」という私の一面は想像できなかった様子でした。それにしてもいたく持ち上げてもらったものです。その女性から「前田さんてそんなにすごい人だったんですか？」と言われて、私は返事に窮しました。

なんだかんだといろんな場面に出くわしながら、世界のX社といわれる同社の商品の中でも、十年に一度といわれる紙おむつに関係する仕事で、私も十年に一度の経験をしていたのです。

5．紙おむつプロジェクト ― 国際人への道　その2

一九八二年の十一月をむかえました。それまでに紙おむつのトップシートとしてX社の規格・品質の基準に合格する必要がありました。X社は入札で購買します。しかも原則として年間契約するのです。すなわち翌一九八三年の一年分の契約を行うということです。わが社としてはまず製品の規格・品質について合格点をもらわなければなりません。X社はこの合格審査までの工程をクオリフィケーションと呼んでいましたが、合格するために、候補となる材料シートの不織布の改良を含めて、毎週のごとくX社との接触を繰り返しました。

同時進行でしたが、国内の紙おむつメーカーへの開発販売の活動は続いていました。東京の花王ほかメーカーは販売部の東京担当課が受け持っていて、その他ユニ・チャームや四国のメーカーが私の担当でした。特に橋田（仮名）課長の指示を得てがむしゃらに頑張りました。合わせて紙おむつ製造ラインの機械メーカーの瑞光鉄工にも情報交換を含めて接触を怠りませんでした。

その甲斐あってX社のクオリフィケーションを得ることができ、購買の入札に間に合いました。紙おむつのトップシート用の原材料の供給元候補がそんなに多くあるとも思えませんでした。しかし、わが社だけの一社ということもありません。米国その他からの原料調達をやめて、地元日本での原材料調達となります。一か月程度の応札期間の後同社が購入先を決定します。もちろん米国本社の承認事項です。

事業部長の酒井（仮名）さんはこの契約を待ち望んでいました。これが自分の昇進の最重要案件と身構えていました。翌年一年間の売買契約です。これにより年間何百トンかの売上が見込めます。契約書を本社の経営陣に示して、その商品である不織布の生産設備の増設提案に持っていきたいのです。

売値と数量からして、年間売上高は何億円かの契約となります。増産・販売の余地があれば、近い将来の数量・売上の倍増も可能なのです。その意味では酒井事業部長のいう増設の一つの大きな理由づけになります。橋田さんや大川（仮名）さんに私もメンバーに入れていただいたプロジェクトの存在意義は非常に大きいものがありました。事業部・販売部の売上の軽く一〇%は超えるのです。

Memorandum of Agreement（メモランダム・オブ・アグリーメント）を締結しました。英文契約ですが、日本語訳が参考としてついていました。なお、「売買契約書」がタイトルの日本語訳ですが、いい訳だと感心したことを覚えています。

この契約書の中にはX社に直接納入し、請求する会社を記入することができるという文言がありました。要するにわが社とX社の間に入って仲介・クッション的な役割をする「商社」の指定です。日本の会社は通常は商社経由で販売します。購入相手（得意先）に直接販売すればよさそうなものですが、信用リスクの問題があります。商社経由販売の大きな理由の一つがこの信用リスクへの対応でしょう。倒産した場合に販売代金の回収ができなくなります。メーカーは商社を仲介させて商品を使用者・購入先に販売し、信用リスクを回避します。一方、商社はいわゆる通し口銭（マージン）を受け取ります。米国X社の日本法人が倒産する可能性などあるとも思えませんでしたが、商社経由で商品を納入してもいいとのことでした。

わが社として実際に商社の存在をありがたく思ったのは、与信・信用の問題よりもその在庫機能でした。わが販売部の月度売上が予算比で大幅に足らないとか、利益が足らないといった場合は、その対策として月末に商品の「押し込み販売」をします。すなわちX社に納品する商品を商社へ納品して倉庫に一時預かりしてもらいます。販売するメーカーとしては「商品の先渡し」という名目でした。その後X社が指定していた納期に今度は商社名義でX社の工場に商品を納入します。

たとえば月末時点でX社への納入時期がその先の時点のオーダーであったとしても、わが社としては販売したことになります。倉庫に商品を在庫するのにかかる物流費用、荷扱いと代金回収時期のずれ込みにかかる利子などの金融費用はわが社が負担します。また、これにかかる事務手数料は商社の利益となります。

大手財閥系商社のY商事がこの役割を果たしてくれました。信用度が高いはずのX社向けですから、平均的なマージンではなくその七掛け程度でした。天下のY商事でしたがこの条件をのんでもらいました。月売上数千万円として、その数パーセントが新規商権における儲けとなる訳です。年間何百万円の利益になるのでしょうか。担当者レベルでも大きな利益をあげている大手商社の営業マンであったにしても、この新規の純利益はありがたかったはずです。

商品を生産・販売するわが社とそれを購入するX社との二社間の売買契約である

のですが、その間に商社が入ることにより、売買契約の履行をよりスムーズにできる面があったことも確かでした。それまでの輸出中心の仕事における商社の役割と国内販売の商社の役割とでは大きな違いがあることを、商品販売の実践を通して私自身の感触として捉えることができたと思います。

その後しばらくの期間を経て、日本のX社への商品納入が軌道に乗ってきた頃、わが社から米国X社への輸出取引の話が出てきました。今度は紙おむつではなく病院での外科医療用のディスポウエアでした。医師や看護師などが手術室などで着ているグリーンないしはブルーの使い捨てのウエアです。

私たちの事業部ではこの材料である不織布（シート状）の輸出を他社向けを含めてすでに始めていました。潜在的な需要量が巨大であり、販売を始めていたとはいえサンプルに毛が生えた程度であって、その市場規模からすればトライアルともいえない数量でした。

その材料を米国で製造しようという合弁の話が降ってわいてきたのでした。わが社と日本のX社との取り組みが順調に進みだしてきたので、わが社がどのような力を持った会社であるかが、米国本社として理解できる状態になったものと思われました。ようやく合弁相手の候補者となれる位置づけにまでなったのです。

一九八三年秋に米国本社から大デレゲーションが大阪にやって来ました。X社側は大阪から日本人二名、米国人二名で、米国本社からは四名となりました。わが社側は社内きっての英語の達人一名と担当役員の専務取締役と工場長およびプロジェクトメンバーの四名で計七名となりました。

会議当日の午前中は日本ブランドの紙おむつに関わる事業の両社の現状と将来の包括的な取り組みを話し合いました。そして午後はX社が日本の購買担当（兼通訳）一名と米国からの購買部長と技術責任者の計三名、わが社からはプロジェクトのメンバー四名で、米国での合弁に関わる件にしぼっての会議となったのです。X社の関係会社でアラスカ州に拠点をおく製紙会社をベースに、工場建設についてフィージビリティ（事前可能性調査）したいということでした。この会社は元々パルプ生産販売の会社であって、そのパルプを活用しながら、わが社の不織布製造技術をからめて現地に合弁で工場建設しようというものでした。

この構想は結局具体的なフィージビリティを直前にした段階で没となりました。一九八四年十一月の米国の選挙でレーガン大統領が再選され、議会では共和党の議席が増加した影響もあったようでした。医療関係の政府支出や補助等の削減や見直しという政策にシフトするからというのが、少なくとも米国X社がいう表向きの大きな理由の一つでした。私自身、自分たち会社員の仕事や取引が政治に直接大きな影響を受けることを自覚した時でもありました。

日本のX社に対する売上取引が安定したこともあり、本来の輸出担当としての仕事中心にシフトした米国の医療用の商品販売については、一九八四年末を境に取引はなくなっていきました。いろんなことを教えてくれた米国X社との取引でしたが、私自身は担当替えになったのです。

この一九八四年四月から直接の上司が橋田課長（副部長格）から企画管理の池田（仮名）課長（副部長格）となりました。自宅に呼ばれたこともあり、夫人や子息らご家族にもお世話になりました。池田さんは学生時代からのテニス人であり、ちょうどY商事の担当者のテニス好きと意気投合し、X社関連の取引でわが社の担当事業部との蜜月時代を過ごしたともいえます。

X社向けの取り組みをどのくらいの期間と捉えるのがよいのか分かりませんが、私の三十歳前後の数年間は仕事を通じていろいろなことを学びました。私は基本的に、自分の生活と仕事はそれぞれ両立させるべきとの考え方を持っていて、仕事は仕事として割り切っていたつもりでした。現代風のことばでいえば、ワーク・ライフ・バランスを重視するということであり、今でもそう考えています。ただ、振り返ってみれば、仕事と私生活との公私の境界があいまいになりかけた時期ではないかと思います。入社前に人事責任者が言った「仕事を通じて自分を成長させる」ということばの意味を、思い起こさせてくれた時期でもありました。

私はこれらの仕事を通じた経験の中から、国際ビジネスパースンへの道を歩み始めたのではないかと思いましたし、今ではそれについて確信のようなものを持っています。前述した通り一九八三年に米国X社から大デレゲーションが来社し、その会議が終わって、夕食会の時に隣の席にいた本社のある部門で出世記録を塗り替えているというエリート部長のA氏から、"I thought you studied in the United States！"（あなたはてっきり米国に留学したのだと思っていました！）と言われました。このことばがその後の私の仕事もさることながら、広く私の人生におけるプライドというか矜持になっています。

そのエリート部長のことばをその通りに解釈すれば、あなたは米国に来たこともないとのことですが本当ですか？あなたの英語力は米国に留学した人のレベルはありますよ。というお世辞というものでしょう。

ただ、私は英語力に関するものがお世辞であったにしても、その日一日じゅう会議で同じ部屋に入り、午後の二時間は日米七名の会議で私はその通訳をしました。

私が大体どのような人物であるかはそのエリート部長であれば推測がつくはずです。私もＡ氏の人物の概要はかなり分かったと思っていました。それを前提にすれば、

「あなたは米国の大学で勉強したのでしょう？」

というのは、米国や米国人のことが米国の大学で勉強した日本人程度のレベルはあるという意味に理解できるのです。私の英語のレベルが米国の大学で何年も勉強したレベルには達していないはずですから。

国際性とか国際感覚とか国際なんとか、いろいろなことばで表現されますが、私として「国際人」になれるのではないかという希望が、あのことばとともに微笑んでくれたのではないかと今にしても思うのです。

6．昼休みの食事代金

サラリーマンとなって会社の人と夜飲みに行くのはそれなりに楽しいことでした。それなりにという注釈が付くのは、飲み会であっても会社の人と行く場合は、だれと行くかで楽しみの度合いがおおいに変わったからです。人によっては仕事の一環と考えるべきなので、楽しみが減じるのです。

その一方で昼食となると、いつもは職場の同じグループの人と、二名から六名程度というパターンが標準で、あまり変わり映えしないものでした。ただ、そんな中でも、たまに同じ昼食でも得意先ほかお客さんなどと食事をする場合があり、その時は会社の会議費で費用支出することがありました。これがありがたかったのです。正直なところ昼食代が浮くことになるからです。会社のある先輩で接客の昼食が多い人は、「これが小遣い稼ぎ」などとよろこんでいました。私の場合は頻度は少なかったので、稼ぎとまではいえませんでしたが、ありがたいことには変わりありませんでした。

よろこぶというのはそれが自分にとって経済的利益があるからだと思います。接客であれば多少の気遣いは必要ですが、なにせ昼食がただですから、普通のサラリーマンにとって悪いことであるはずがありません。

ところが、一回のこのただの昼食でいったい自分がいくら経済的利益を得たのか、要するにいくら得をしたのだろうかと考えると、不思議なことに退職した今になっても明確な計算ができないのです。

例を示しましょう。いつもは八百円の定食ランチを食べていたとします。その日接客での食事代は一人当たり千五百円でした。自分はいったいいくら得をしたのでしょうか。

a・千五百円のものをただで食べたのだから、千五百円得をした。

b・いつも払っている定食の八百円分を支払わなかっただけであるから、得をしたのは八百円。別にいつもより高い千五百円の食事をする必要はなく、八百円分しか得をしていない。こう考えた場合は、もっと高い二千五百円の食事をしても得したのは同じ八百円となります。

c・いや、八百円は明日の昼食に回せるのだから、八百円得した。さらに千五百円分の食事をした訳であるから、合計の二千三百円得をした。

d・八百円は明日に回せるから、その分は得をした。しかし、千五百円の食事をしたとはいえ、普通でも八百円の食事はしているはずであるから、実際の食事で価値があったのは千五百円－八百円＝七百円がおいしかった分のみ。したがって、合計得をしたのは八百円＋七百円＝千五百円（ａ．と同じ金額ですが、考え方は異なります。）

ざっくり四通りを出してみました。さらにその他の試算方法もあるかも知れません。私がサラリーマンであった頃の、特に若くてあまり経済的余裕のない頃の感覚でいえば、前述のｂ．に近いものがあります。今日の予定していた昼食代八百円を支払わずに済んだ訳で、財布から八百円を出さなかったので、この分の小遣いを節約でき、得をしたと考えたいところです。その時に高級な昼食を食べたか、日頃のランチ代と変わらないものを食べたかは、自分の小遣いとは関係なく、損得にも関係ないと感じていたはずです。

改めて難しい計算だと感じるのです。本当にすっきりした答えはあるのでしょうか。

7．「日照りに凶作なし」の本質的な意味

今回は国際人の本質的なものという視点からアプローチしてみます。その導入という意味を込めてこんなことわざを例にとってみたいと思います。

「日照りに凶作なし」

ということばがあります。それほど一般に普及していないかも知れません。日照りが続く年は、一部に干害はあるにしても全体としては豊作になるという解釈が成り立つようです。

私はここから想像を膨らませたいのです。日照りはそれほど心配することはないというところまでは、このことわざからストレートに導き出されますが、このことわざはそれだけを意味しているのでしょうか。その一点だけを意味するのであれば、ことわざとしてずっと残しておく必要があるのでしょうか。

すなわち、日照りが続いている場合に農民が「日照りが続く！」と心配したとしても、実際は豊作になる訳です。反対に日照りが続いても農民が心配しなかった場合ですが、これも実際は豊作になる訳です。農民が心配してもしなくても実際は豊作ですから、ことわざを残す必要は全くない訳です。要するに日照りが続こうと農

民には関係ないのです。

それであれば、ことわざの本当の意義は何でしょうか。日照りでない場合で心配しなければならないことがあり、そのことを知らしめるためにこそことわざがあったと想像したくなるのです。それは日照りと反対の長雨なのです。日本は温帯モンスーン気候であり、基本的に雨が多いのです。雨が降りすぎることを恐れていたのです。その時が凶作なのです。

私の記憶をたどってみると、日本では少なくともこの五十年間でかなりの程度の米の不作というのは、梅雨時に「長雨低温」といわれた一九九三年のみでした。農業技術や科学の発達した現代であっても長雨低温への対応は厳しいのです。江戸時代以前であれば、それこそその厳しさを想像することができます。

想像をさらに発展させたいのですが、「雨が多すぎること」で問題となるのは水が多すぎることであり、洪水・水害へとつながっていきます。具体的な水害というのがどういうものか推測するのが難しいのかも知れませんが、私の住む大阪市ではどんなものがあったのかを考えてみます。

明治十八年（一八八五年）の淀川大洪水では、当時大阪府全体の世帯の約二〇％にあたる約七万一千世帯が最大約四メートルの高さまで浸水しました。当時の大阪市では五〇％以上が浸水したといわれます。その被害は甚大であり、住民の生活は困難を極めたといいます。太平洋戦争における大阪の空襲被害という別の次元のものを除けば、大阪にとっては空前の大災害といえそうです。

私たちは中学や高校の歴史で「黄河を治めるものは中国を治める」ということを学習しました。このほうがストレートですね。すなわち大河の治水を行い、農業生産の安定を図ることが国を治めることの大要ということでしょう。黄河のように古来氾濫が起こるたびに、農民が飢えて反乱するのが為政者にとって一番怖いことなのです。

翻って現代の日本です。あのおぞましい東日本大震災です。津波ですが、これも水害に他なりません。日本人は水害の恐ろしさを忘れていたのでしょう。日照りに凶作なしとはよくいったものです。本当に恐ろしいのは日照りではなくて、水が多くなりすぎることですよと古人が警告しているような気がしてなりません。

繰り返しましょう。日照りに凶作なしです。日照りになってこのことわざを思い出した場合はどうでしょう。心配しなくてよいのです。ことわざを思い出さなかった場合はどうでしょうか。心配するかも知れませんが、実害はありません。凶作はないのですから。

とすれば、このことわざは何のためにあるのでしょうか。日照りくらいで心配する必要はないですよ。だから日照りでない時、いやその反対の時を心配しなさいといっているると考えたいのです。日照りの時に日照りの反対のことを心配しなさい。すなわち、水害が起こったとしても、それを最小限に抑えられるように対策を準備しなさいといっているると、私は想像するのです。

最後に同じようなことわざを取り出してみましょう。

「天災は忘れた頃にやってくる」

とは有名すぎるくらいのことわざです。単に忘れた頃にやって来た天災を後から感慨をもって振り返っているのではないことは明白です。天災が来ていない今の期間に、次の天災がやってくるまでに防災の対策をしましょうという意味です。これを「凶作」のことわざと重ね合わせることは容易だろうと思います。凶作ではない今年こそ凶作に備えておきましょうということは、より説得力を持つのです。

ものごとの本質などと難しいことばを使っていますが、ものごとは一義的あるいは表面的にのみ観るのではなく、別の視点からも観ることによってその本質に近づき得ることが多いと感じるのです。

8. 集中力の理系経営者

私がまだ若い頃の数年間に事業部長であった常務取締役大山（仮名）さんの話です。メーカーであるので、社内には研究者・技術者すなわち理系の人が多いのですが、大山さんは比較的若くして取締役になった社内エリートでした。私は関係会社に出向する四十代後半までは繊維部門の貿易を中心とした営業職であり大阪本社におり、工場地区の勤務もありませんでした。その時期に新事業開発をとりまとめて推進する事業部ができ、理系経営者である大山さんがヘッドになったことは、理系のエライ人をいろいろな角度から見るという経験ができ、私個人にとっても充分意義のあることでした。

大山さんはある事業部門の技術関係のトップという役割と新規事業推進というラインの事業責任者の両面を持っていました。その中で事業現場というか新規事業企画や営業は全幅の信頼を置く豊田（仮名）部長に任せるスタイルを通したのです。大山さん自身は工場や研究所を統括するのですが、特に投資案件など社内の予算獲得に力を注いでいたように思えました。

事業部の会議などは大山さんが主宰するのですが、営業、管理、工場、研究所の面々の説明・報告を難なく理解し、指示を出していました。頭脳明晰な人だと時に感心したことがありました。聞けば北陸のある国立大学の出身で、高校時代には全国模試では何十番ではないが数百番以内には入っていたといいます。そういう秀才にとっては特に東大を出る必要はないようでした。学業とか成績については、社内のほとんどだれに対してもコンプレックスを持っていなかったはずです。

大山さんは部下である事業部の社員たちを夜の食事によく誘いました。とはいえ必ずしも歓迎はされません。課長や課長代理クラスがそれに乗っかればいいのですが、部長を差し置いたことを気にしながら夜の席に行くのも限度があります。平社員が乗っかるということもなくはないですが、常務とヒラではお互い話がしづらいことが多いのです。そんな中で本人の家族、自宅は東京であり、大阪は週三日程度のマンション住まいでした。週の二、三日の夜はどうしてもだれかと夕食をともにしなければならなかった事情もあるのです。そして、カラオケがそれに付いてくるのです。

取締役ともなれば交際費はほぼ青天井です。それなりのところで何人かで夕食をとります。私も何回かご相伴にあずかりました。そしてカラオケとなるのです。歌も非常に上手で、ある大阪の総務部の人いわく、

「少なくとも大阪の部長クラス以上では一番！」とのことでした。私は三十年も経った今でも大山さんの歌声をその特徴とともに頭の中をめぐらすことができます。大阪の単身生活において日頃の憂さを晴らす時間であったろうことは容易に想像できます。

ご相伴にあずかった中で、ある時スポーツの話が出てきました。当時はマラソンのオリンピック予選のことが話題になったのですが、大山さんの学生時代のバドミントンのことに話が及びました。

大学の全国大会に出場したこともある、それなりの選手ということでした。バドミントンは今でこそ日本でも人気が出てきていますが、大山さんの学生時代である一九五〇年代後半から一九六〇年ごろはマイナーなスポーツであったと思います。その時代に大山さんはベスト8には入ったといわれていました。マイナーなスポーツとはいえ学生選手権でそのレベルに入るのは相当の努力を要するはずです。

「あと五センチか一〇センチ背が高ければ、ベスト4にはいけたと思う」

とは大山さんのことばでした。大山さんは一六二ないし一六三センチくらいではなかったでしょうか？ベスト4レベルになれば、この身長差を克服するのは至難の業だったとのニュアンスでした。

大山さんいわく、何ごとにおいても本質をどう捉え、どう集中的に練習するかがポイントだということでした。当然ながら会社での仕事も同じなのでしょう。秀才の大山さんの矜持として、仕事はじめ何ごとも「一流」の領域でないと気が済まないのです。学業成績からスポーツや気晴らしのカラオケにさえ「一流」を目指し、それをやってのけるのは、平凡な言い方ですが、何か共通点があるような気がしたのです。私にはまねのできないことでした。

大山さんはゴルフをしませんでした。さすがの大山さんもそこまで自分の能力範囲を拡大することは躊躇したようですが、ゴルフをやるならとことわりながら、次のような話をされたのが印象的でした。

――ゴルフをやるなら、一年以内にシングルハンディになるくらいに集中して練習しなければいけないよ。一年でシングルになれなかったら、ゴルフはやめるね。

私のようにゴルフを中途半端にやって、なかなか初級レベルから抜け出せない人にはなんとも厳しい話でしたが、大山さんらしいご指摘と理解しています。そんな大山さんでしたが、まだこれからという時に専務取締役待遇のまま亡くなられたのは、残念至極というほかありませんでした。

9．欧州出張の非日常性を楽しむ ― ベルリンとアテネ

私は二十代後半から四十代半ばにかけての二十年間で約七百日の海外出張を経験しました。国の数は西欧、アジア、北米で二十八か国でした。個人の観光旅行を加えると海外は三十一か国です。貿易商社でもない化学メーカーの社員であって、一九五〇年代前半生まれの年代としては、かなり海外出張が多い部類だと思っています。

海外出張は一般的にいって準備が大変です。現地に行ってても楽になることはありません。帰国するとどっと疲れが出るのが一般的です。出発前の準備で疲れるのは分かるのですが、現地でさらに疲れるのはなぜでしょうか。その大きな理由の一つは海外では気が抜けないからであると思います。空港についてから現地を離れるまで、緊張の連続です。日本国内の出張や旅行の気安さとは反対に、海外では治安をはじめとして、いつも周りに充分過ぎるほど気を使わなければならないので

す。アメリカ人が日本に旅行すれば日本の治安のよさを実感するはずです。深夜に東京都心を若い女性が一人歩いてもほとんど心配ないことに、アメリカ人は驚愕するのです。

そんな海外出張ですが、仕事のしんどさを少しは緩和してくれることがあります。仕事を離れての非日常的な経験です。その国、その人々に自分自身で触れるということでもあるのです。この一種新鮮な気分が緊張からくる疲れを癒してくれる作用を持っているような気がしてなりません。

ドイツやイタリアなど欧州出張が多くなった頃のある日、一九八九年十一月一日でした。ドイツ出張中の私は当日フランクフルト事務所長の高宮（仮名）さんの運転するベンツのSタイプ（大型）に乗って、アウトバーンを顧客ユーザーに向かいました。どこかのインターチェンジから見慣れない旧式な車が何台も入り込んできました。

「高宮さん、東ドイツのトラバントがやたら多いですね」

と私は言いました。高宮所長は、

「この辺りは東独の国境に近いからかなあー。それにしても多いね」と答えました。

夕方帰社してみると、当日から東西ドイツの国境入出国の簡易措置が施行されたということが分かりました。私自身の経験という意味では東西ドイツ統一のうねりを肌身で感じた日となったのです。

重ねてドイツのことになるのですが、一九九一年七月を思い出します。前年の十月にドイツの再統一がなされていました。この七月は一日から三十一日までずっと欧州出張で、その大半がフランクフルトのホテル住まいでした。担当する商品の欧州における独占販売契約の解消を交渉していたのですが、相手方との交渉は膠着状態となっていました。その二十一日は日曜であり、思い切ってベルリンへの日帰り休暇旅行をしてみました。

当時のティーゲル空港に降り立ち、ベルリン市内に入ってくると、なんともいえない歴史を感じたのです。市内中心部のケーニヒ大通りを一人歩いたのですが、この大都市といえども当時日本人と思しき人はまばらでした。ブランデンブルグ門の柱に触れた時は、思わず記録映画の情景を思い出したものです。ナチスドイツ軍の行進したところであることを実感したのですが、世界中がこの軍隊に恐怖を覚えたこととの感慨のようなものが胸に迫ってきました。

あるいは同じ一九九一年ですが、十月六日の日曜日にはギリシャのアテネにいました。市内のアゴラ（市場）を回り、アクロポリスの丘をめぐり、旧王宮公園のザピオンを散歩しながら夕方にパナティナイコ競技場にたどり着きました。

近代オリンピックの第一回アテネ大会のメイン競技場です。別に入場料を取る訳でもありません。現代の陸上競技場とは異なる独特の馬蹄形をした建造物です（今は公式の陸上競技には使われていません）。そのコンクリートの観客席を上下して歩いたり、最上段から競技トラックを眺めたりと、ゆっくりとほぼスタンドを一周しました。一八九五年に修復された「遺跡としての競技場」となっていたのですが、当日は日曜の夕方でしたが、観光客などほとんどいませんでした。薄暗くなりかけた競技場で、オリンピックの意義とは何かとしばし思考にふけったものです。

ヨーロッパだけでもいろんな情景に遭遇しました。テレビで放送される「一人旅」のひとコマかも知れません。特派員の報告といってもいいかも知れません。私は日頃から、海外とのビジネスにおいてその国を知り、その国の人を多少なりとも知ることが有益であると思っています。いつも仕事のことばかり考えるのもいいのですが、時には別の角度から体験して、識見を深めることが大切なのではないかと思ったりするのです。

日本国内でも同じかも知れません。その地域、その人たち、その企業を理解することはビジネスを進めるにおいて重要です。別に国内出張の際に寄り道観光を勧めているのではないのですが、国内ではより多くの方法が見出せるはずです。その時、非日常的すなわち直接的な仕事ではなく、間接的な方法で自分自身を高めることも、ビジネスパースンとして心したいものです。国際ビジネスではこれが若干国際的な手続きを踏む必要があるだけです。

10・イタリア・ゴリツィア市　その1

イタリアのゴリツィアといっても日本人でどれだけの割合の人がイメージすることができるでしょうか。トリエステの近くといえば割合は大きく上がるでしょうか。あるいはベネチアから東に約一五〇キロメートルといえば分かってもらえるでしょうか。

一九九〇年七月に私は初めてゴリツィアにあるS社を訪問しました。わが社の技術者と二人であり、当時私が所属する事業部の製品の市場開拓と販売が目的でした。同社はスロベニア（旧ユーゴスラビア連邦に属する）に隣接するイタリアのトリエステ地区の関税特区の中にあって、繊維・化学品などの加工業を主たる事業としていました。

Ｓ社は、当初はわが社の事業部が開発した繊維製品の基礎となる素材を、Ｓ社で加工して、Ｓ社が欧州の市場に販売しようという構想のようでした。そのための基礎素材を見本としたトライアルに持ち込むための商談でした。そんな中でわが社の技術者は現地の工場の生産・加工の工程ラインを見学してびっくりしていました。加工ラインの規模が大きすぎるというのです。日本では見たことがないともいっていました。われわれ二人は、社長のＬＴ氏と弟で取締役工場長およびミラノから同行のＡＢ氏らと会議を持ちました。まだ海のものとも山のものとも分からないものでしたが、誠実にまじめに両社が進めていったことを覚えています。

会議の後に近くのレストランで会食となりました。イタリアでは遅い夕食のスタートでしたが、七月上旬であり日は長く時間はたっぷりあります。屋外のテーブルに社長夫人も同席しました。私としては敵地での商談・交渉という印象は持っていなかったものの、会議が終わった後の会食としては、かなり緊張して過ごしていたことを思い出します。夏ではあるものの屋外でしたから、日本とは異なり日が暮れ始めると急激に冷え込んできました。

話が少し横道にそれます。翌日朝にゴリツィアから鉄道でベネチアに入りました。その夜ホテルでサッカーのワールドカップの試合を見ようとしたのですが、部屋にはテレビがなかったのです。やむなく同じホテルの技術者の部屋で試合を見せてもらいました。テレビのないホテルに泊まったのは後にも先にもこれっきりです。赤字続きの事業部でホテル代を節約しすぎたのが原因でした。その翌日、ミラノのホテルで西ドイツとアルゼンチンの決勝戦は見ることができました。ローマのオリンピックスタジアムでの、西ドイツ・コール首相の優勝戦が終了した直後の微笑が、なんとも印象的でした。

さて、このS社との取引は最初から順風ということではありませんでした。翌一九九一年にわが販売部製品の欧州における独占的な販売代理店契約を解消して、わが社独自の販売政策をとることができるようになったので、イタリアでの販売代理権をS社に独占的に任せるかどうかの問題が事業部内で提起されていました。さらにその頃には、日本から製品を輸出してS社に販売を任せるのか、それとも日本から中間原料を輸出してイタリアで染色ほかの加工をして、それをS社が販売するかということも検討対象になってきました。

こうなると、わが社の欧州における取引パートナーとして、S社以外にも検討対象を拡大しなければなりません。一九九一年の夏から欧州での販売網を構築するにあたり、その年だけでも何週間も欧州に出張することになりました。現地の責任者であるフランクフルト所長の住友（仮名）さんとともに各地域での販売代理店の候補を検討していました。ただ、ことイタリア向けにおいてはそれまでの経緯も踏まえて、私はS社以外にないと考えていました。

その頃開発部長（実質は販売部長）が人事異動で転出となり、引継ぎ事項としてS社との関係をどうするかを決定しておきたいとの私自身の思いもありました。私は豊田（仮名）部長の判断に従わざるを得ないのですが、あまり強く説得するのではなく、自然体でS社にイタリアにおける独占的な販売権を与える方針を説得していきました。最終的に豊田部長がOKしたので、私は安堵しました。

S社との取引ではミラノにある代理商の社長AB氏の役割が大きかったといえます。この学生時代は役者志望だったという社長が、日本人のメンタリティをよく理解していたのです。もちろん金儲けもうまいのですが、それに見合うだけの仕事をしてくれていました。S社の社長LT氏からも厚く信頼されていました。その後取引が拡大していったのもAB氏なしでは考えられないことです。

海外との取引は現地でのキーとなる人・場所が必要です。わが社ではわれわれの事業部関係はフランクフルト事務所（組織は現地法人）の所長がいるのですが、イタリアとなることばの問題を含めて、イタリア国内での拠点がほしいところでした。ミラノの代理商は形式的にはわが社の立場から活動しますが、実質的には日本側とS社の両側に立ちながら仲介的な活動を行います。そのための代理商契約を交わします。通常はわが社からS社への売上の何％かをコミッションとして支払います。

一九九二年あたりから、当時わが社が扱う人工皮革の製品（染色加工済み）を現地に販売していくこととし、それを踏まえて将来のイタリアでの染色加工の可能性を探ることとなりました。また、欧州全体ではわが社の製品の販売拡大を果たすうえで、イタリア以外にドイツと北欧に販売拠点を築くことにもなりました。

一九九三年には製品規格を変える作業にも着手しました。製品幅の拡大でした。製品は生地（シート状）であり、商品として反物状に巻き上げます。その点は通常の繊維製品と変わりません。欧州ではその生地が家具すなわち椅子（チェア）の外張りとして使われます。近い将来にはカーシート分野でも有望でした。日本では一二二センチ（四八インチ）あればよいのですが、欧州の家具メーカーでは生地幅が一三七センチ（五四インチ）以上を前提とした加工工程です。広幅は有効活用すれば著しいコスト合理化になります。工程作業は効率化され、生地ロスが大きく減るのです。

その頃にはこの広幅に挑戦して試作品を出せるようになっていました。この年私は八十四日海外出張したのですが、欧州が六十七日で、米国に七日、その他が十日でした。海外出張は準備が大変であり、体力も気力も消耗しますが、このスケジュールにも耐えていくよりなかったのです。

その年の十月三十日に三週間の出張を終えて帰国しました。週明け月曜の十一月一日に大阪で出張の報告をしましたが、その当日一日の報告直前に、

「来週またイタリアに出張してほしい」

と販売部長から話がありました。その時に一四〇センチ（五五インチ）ギャランティとした広幅のいい試作品が出来上がったので、即それを持ってイタリアで商談せよとの会社命令でした。下命通り日曜の七日にイタリアに向けて出発しました。

この試作品は完璧とまではいえませんでした。しかし、S社および欧州における製品展開を前進させるのに充分な評価を得ました。翌一九九四年に広幅製品が商業ベース本番で輸出されるようになると、その後の欧州市場における製品販売網の新展開に確かな手ごたえを感じることができました。

イタリアにおいて一九九五年くらいには、人工皮革分野における競合他社の有

名ブランドに対抗させるための布石を打つべく、日本からの染加工後製品のトライアル販売を繰り返すようになったのです。広幅の評価が高く、S社独自の市場調査でも大きなポテンシャルを見てとることができたようで、イタリア側から今度は合弁会社設立の提案を示唆してきました。私の推測ではありましたが、その当時わが社の当該本部では特に海外投資には消極的であり、合弁OKはあり得ないと考えていました。S社からの提案は断らざるを得ない状況でした。結局事業部としてS社ないしはイタリア側が全額出資して、イタリアで染色加工場を設立してもらうべく、誘導していったのでした。

11・役員待遇としての技術者

私が営業の課長代理の頃、事業部の一泊二日の研修会がありました。大阪の営業や生産管理と宮崎の工場とその他研究所の人たちの四十名近くが集まっていました。事業本部の中で新事業の開発部が発足して、いわばブレインストーミングを目的としたものでした。当時繊維の研究部門の部長であった能勢(仮名)さんですが、研修会では事業部が扱うベース素材の歴史を科学・技術の側面からまとめて発表されていたことが印象に残っています。技術者が繊維素材とはいえ歴史という観点から考察したということに奇抜さを感じたのです。

能勢さんはその後私の所属する事業部の次長そして事業部長となりました。理事でしたが後に役員待遇の常務理事になっています。事業部長になって数か月ほど経った時に、能勢さんに同行する欧米出張が決まりました。二週間の長丁場でした。元々は私が定期的に行く出張でしたが、「連れて行ってくれ」と言われました。そうなると、私が当初描いていた出張計画に能勢さんの出番を設けるべく、日程ほか打ち合わせテーマも修正・補強しなければなりません。

人を知るには泊りの旅行をしてみることだとよくいわれます。二人で二週間の「出張旅行」となると、その人のことがかなり分かってきます。能勢さんはそれまで大阪本社の事務所で仕事している時と特に変わることなく、私が想定した範囲というかその通りでした。上司部下という関係とともに人柄・性格といった点でよく理解できた期間となったのです。能勢さんが私を見る目も同様であったと推測しています。

そんな中で能勢さんの考え方や行動様式が非常にバランスがとれたものである

ことを確信しました。理系、技術系ということで思い浮かぶ、専門分野には強いがその他の分野ではそうでもないというタイプではありませんでした。能勢さんは国立ですが北陸のいわば地方大学を卒業しています。一九六〇年代前半入社で、当時としてはわが社には珍しかった薬学部出身であって、わが社に多い応用化学・化学工学系や機械・電気系あるいは建築系ではないものの、同じ広い意味での理工系の技術者・研究者に分類されます。

その二週間の出張の中での、あるドイツ顧客との打ち合わせでは、販売対象となっている繊維素材の基礎データや加工技術の特性など相手方の技術者とのやりとりにも的確に応対していただきました。事業部長という肩書きがついている人でしたが、技術の担当課長の役割も担っていただいていました。販売政策やマーケティングのことは私に任せてもらっていましたし、本当に仕えやすい事業部長でした。

女性社員にも人気がありました。今でいうイケメンの範疇に入ります。役職が上がればがみがみいうタイプが多い中、人気はその温厚さによるところも大きかったのでしょう。

事業部長の職は二年数か月と短期間でしたが、当該期間の業績が伸び悩んだことによるものが大きいといえます。ただ、その人事が決定的に厳しいということでもないと思われるのは、その後理事から役員待遇の常務理事に昇進していることです。事業本部の技術のトップに近いポストに就いています。

われわれ事業部の中の営業部隊はちょうど厳しい環境下の時期でした。事業部内の一つの事業について撤退するとかしないとかの議論になった時に、事業部のヘッドにいる能勢さんが本社経営陣から事業戦略が消極的とみられてしまったことも、その人事の一因であったのかも知れません。あと一年か一年半あれば売上や利益の事業部成績も好転していたはずであったのにと思うと、その点は非常に残念でした。

そんな中で、当時の事業部における懸案事業の状況と今後の進め方について、一時間近くにわたってわが本社の社長に説明する機会を得ました。能勢さんとすでに営業課長になっていた私の二人で、注目度の高い素材を中心に海外懸案事項を説明したのです。本来は営業部長が説明するべきところでしたが、その営業部長は社長の前に出るのをいやがって身代わりに私を東京本社の社長室に送り込んだのでした。

社長への説明については時間の七割以上は私が担当しました。社長の英語能力の高さには驚かされました。社長の学生時代は戦後まだ米国の占領軍がいた頃で、占領軍相手に通訳のアルバイトをやっていたなどという噂がありましたが、おそらくは本当だろうと思ったものです。私の英語についての自信など木っ端微塵に砕かれてしまったのですが、社長室を出て能勢さんから

「前田（仮名）君の説明、なかなか良かったよ！」

と言われた時には、一瞬頭が白くなった気がしました。うれしいというか誇らしいというか、なんともいえない気持ちがこみ上げてきたのです。

能勢さんは人をほめるのがうまい人でした。これが役員待遇という経営者の一人に位置づけられた大きな要因の一つであっても不思議はないと思ったものです。

12・給料は自分で使い道を考える

働きだして給料をもらう。うれしいものです。私は大学受験では浪人も経験したし、親には特に経済的な面で大きな負担をさせてしまいました。そんなこともあって、社会人になれば親に経済的なことでは心配させないと心に決めていました。幸

いにも一部上場の大企業に入社できたので、これは実行できるだろうと思ったし、しなければならないと思ったのです。

初めて給料を手にした時は、会社の初任研修のあった宮崎県から大阪の両親宅に給料袋の封を切らずに送りました。あの四月の給料は大体の金額しか知りません。それ以降、親に小遣いを渡したことはありましたが、経済的負担をかけたことはありませんでした。大企業に入社した者としてのプライドともいえます。車を買う時、結婚する時ももちろんのことで、家を買う時も親に経済的な世話になったことはありません。父親が亡くなった時の相続もゼロでした。

親に心配させた結婚は、私が四十歳を超えてからなんとかできました。結婚してからの家計では、収入や貯蓄のことは夫婦がお互いに聞かないことにしていました。お互いに大体のことは推測できたはずでしたが、詳細はいいませんでした。

六十二歳で退職するまで、私は給料日前後に毎月の生活費として何十何万円か現金で渡しました。その他ボーナス時にも妻が自由にできる何十何万円を現金で渡しました。妻が通常勤務している時やアルバイトの収入があった時も、いくらの収入を得たかは聞きませんでした。妻はそのほとんどすべてを貯金したのでしょうが、その貯金の額は知りません。

私の会社の知っている人や友人など私の周辺をみれば、妻が給料の「口座管理」をしていて、毎月形式上は妻から「今月の小遣い」として夫が受け取る人もいました。専業主婦あるいはそれに近い夫婦の場合はこのかたちが多数派のようでした。

私の考え方は、労働の対価としての給料は労働を提供した人が一義的に使い道を決定するというものです。自分の小遣いをいくらにするか、家にいくら渡すかはまず自分で決めるのです。妻にはそれで納得してもらっていました。妻が勤めていた時、アルバイトをしていた時には妻がその使い道を考えればよいのです。私が独身の時は自分の将来のことを考えて貯蓄もするでしょうし、結婚して親子三人が暮らすための金は全部自分の給料で賄うということです。その例外の収入は、たとえば妻のアルバイト収入は妻自身で自由に使い道を考えればよいのです。自分が働いて稼いだ金ですから。

私がヨーロッパに年間何十日も出張していた頃の話です。私よりも年上にあたる人が、イタリア・ミラノでお嬢さんのバッグを土産に買うことになっていました。プラダのブランド物です。その先輩は専業主婦である奥さんから商品を指定されていました。値段もほぼ決まっていました（為替レート等により変動はあり得ます）。その分のお金を奥さんから貰っていました（実質は預かりですが）。日本での商品紹介・案内誌などにより、プラダの何々をいくらで買うということになっていました。日頃は仕事しか眼中にないという中村（仮名）さんでしたが、その時は忙しい出張日程を急遽変更して夕方プラダに向かうのです。

店でやっとのことでお目当てのバッグを買った時には、本人もそうだろうと思うのですが、そばにいて商品の特定や免税の手続きの多少のアドバイスをした私の方がぐったりするのです。中村さんはなにやら免税手続きをした後の金額まで明確に妻に報告をしなければならない様子でした。私はそのあたりのことを見ていて思いました。自分で働いて稼いだ金で愛娘に、

「こんどミラノに行くからバッグを買ってくるよ！」

と言って、自分の趣味でプレゼントすればいいじゃないか。妻から予算を決められて商品を指定されて、領収書を見せて収支報告しなければならないというのは、私には耐えられるのかなあとさえ思ったものです。

男性と女性とが入れ替わっても同じです。女性の収入が多くて男性が少ない場合でも別にどうということはありません。夫婦であれば二人でどう収入を得てどう使っていくかは二人で合意すればいい話です。その時にそれぞれの労働対価を得ている人にその使い道の決定権を与えることです。これには給料から貯蓄した

額の使い道も含まれます。

会社員は「からだが第一」といいます。労働力を提供してその対価を得るのです。その対価を得た人が一義的に対価の使い道を決めるのは普通です。今私は年金暮らしですが、過去に自分が働いた労働力の対価を退職後に分散して受け取っている訳です。それで家族が暮らせるのであれば、年金暮らしに何の抵抗感もありません。

妻がアルバイトをしていますが、それで年金プラスの生活をすることもあり得るのでしょうが、それはその労働対価を得た妻が決めればいいことです。私がどうのこうのという必要は全くないと考えています。

13・上司は部下を信頼して仕事を任す

私が会社員となって社会人の歩みを始めたのは一九七〇年代の後半でした。それから三十八年間は同じ会社（出向その他の形式上はいろいろな会社）に勤め、二〇一〇年代の半ばに退職しました。世の中は変わりましたが、会社も変わりました。

そしてその変わり方の大きなものの一つが上司と部下の信頼感という人間関係でしょう。少なくとも私が勤めたグループ会社ではそう思われるのです。

私が勤務した会社はかつて「野武士集団」と業界で呼ばれていたこともあるようです。同業界でライバル的な会社はエリートで、「スマート集団」と呼ばれていたのが印象的です。それでもその期間は一九六〇年代から一九七〇年代の半ばくらいまででしょうか。そして今では某大手商社も野武士集団を標榜しているようで、このことばも色あせてきました。

野武士はこの場合、一人ひとりが自己完結して、集団に頼ることなく一人でも活躍していく、それがひいては集団・組織の前進に寄与するという捉え方でいいのだと思います。私が会社に入った時期は野武士集団が影をひそめかけていたようですが、そんな中でもまだ管理職の部長・課長には野武士の親分に近い存在がいろんな部署にいました。当時の私の上司である課長もそんな人でした。

その人は私に徹底して仕事を任せました。当時私が担当していた輸出販売は組織として小さく、私とその課長ぐらいで回していました。あとアシスタント社員が一人いました。そんな組織ということもあったのですが、仕事は「君がやれ」という方式であって、余程のことがない限り仕事においては私の意見が通りました。入社数年ほどの私に課長に近い権限を与えたともいえます。

私はその課長の信頼に応えるべく、仕事に傾注し、集中して頑張りました。万一にも私のミスにより課長に迷惑がかかるようなことはできないのです。課長が自分で責任を取るといえばいうほど、私の責任において全部仕事をしたいと思うのです。上司が提案書でもなんでもチェックするのはほぼ形式のみで実質素通りです。そんな訳ですから、念には念を入れます。上司の信頼に応えるのがイコール仕事といっても過言ではなかった時期でした。

それから何年経ったでしょうか。今度は別の場面設定となります。私の上司は部長です。私の仕事については全て批判から始まります。朝のあいさつから夜の退社まで、ほめることは皆無です。毎日叱責されっぱなしで、よくメンタル面でつぶれなかったと今でも時々思い返すことがあります。

全く信頼されていなかったので、どうでもいいとはいいませんが、どうせ上司がやりたいようにするのだから、それなりにやろうとだけ思いました。このそれなりにといっても、部では一番早く出勤して一番遅くまで会社にいるのがパターンではありましたが。

なんといえばいいのでしょうか。こんなことがありました。ある報告書に、

「…そのサンプル送付を依頼した。」と書いたところ、

「…そのサンプルの送付依頼をした。」と訂正を命じられました。

その他の訂正指示の部分を含めて、修正した報告書を見せました。今度は、

「…そのサンプル送付を依頼した。」

に訂正するように命じてきました。どこがどう違うのか。どちらでもいいと思ったのですが、その他の分と合わせて提出しました。今度は、

「…そのサンプルの送付依頼をした。」

に訂正しろと言います。さすがに私もむかっとして、

「さっきは『…そのサンプル送付を依頼した。』と訂正しなさいとのことでしたが」

と小さい声で言いました。


要するに信頼関係ゼロというか、マイナスです。上司にすれば、私をいじくり回したかっただけです。私はどうせ何回作成して提出しても、上司は文句をいい、こうせよと指示するだけだと思っていました。どうでもいいから、最終的に「こうしろ！」と早く言ってくれないかなあと思うばかりです。一事が万事で、上司のいう通りやるだけですから、私自身の創意工夫など出てくるはずがありません。上司にどう対応するかということだけに全神経を傾注する訳です。

ここまで述べたのは、私にとっての仕事上における両極端の上司の例でした。自分を信頼してくれる上司とその正反対の上司です。もちろんこれは私からみた評価の観点であって、その「正反対の上司」でも十人に二人か三人はその上司を好む人もいました。人の人に対する評価は本当に分かれるものです。ただ、それであったとしても、私自身は仕事を任してもらえると非常に仕事はやりやすかったし、充実感もそのほうが上でした。

さて、上司部下の信頼関係についてのこれらの経験上の分析だけでこと足れりといえるかとなれば、まだ検討すべき観点があると思っています。私は上司と部下の関係でいえば、信頼に基づくものがあってしかるべきと今でも思います。ただ、その時に一つ忘れてはならないは、その上司に人を見る目があるかどうかです。部下がバカなやつか、正直なやつか、裏切らないやつかなどを見分ける人物眼を持っているかどうかです。自分が上司の場合はこの能力があることが前提です。そうでなければ部下に仕事を任せられないでしょう。

今の会社ではどうでしょうか。信頼に基づく上司部下の関係はおそらくあまりないでしょう。広く日本の社会全般がそうです。上司にとって責任を取らされるリスクの大きいこの関係、すなわち上司の部下に対する信頼をベースにする関係ですが、もはや化石になりつつあるのではないでしょうか。それに人物眼を持つには、一部先天的に能力のある人を除き、訓練や経験が必要です。そして、リスクを冒してまでこんなことをしない世の中になってきています。

冒頭で述べましたが、会社でも世の中一般でも、この人間関係の信頼に基づく上司と部下というのはあまりみられなくなっています。批判ばかりして責任回避のみに重点を置く人が圧倒的に多くなった時代に寂しさを覚えると同時に、人を信頼する関係をベースにすれば、仕事もはかどるし、精神衛生上も快適なのにと残念で仕方ありません。

ただし、会社は面白いところです。仕事ははかどるし精神衛生上よかったとしても、その人が昇進したかどうかは別物です。上司部下の信頼関係を重視するなどということは時代の流れに沿ったものとは考えられませんから、会社からは高い評価を受ける確率は低そうです。念のためにそのことを付け加えたいと思います。

14・在日フランス人との交流

商売に国籍は関係ないともいえるのですが、とはいえ外国人との直接のコミュニケーションとなると、日本人とは違った感覚になることがおおいにあります。特にオーナーとなるとサラリーマンとの付き合いと異なってくるのです。

私が三十代の半ばから取引相手として付き合うことになった在日フランス人がいます。年は私より少し上で、取引の折衝（実際の商売はできなかったのですが）が始まった頃はお互い独身でした。日本におけるフランス関係商品を扱い、コンサルティング業務も併せて行う会社の社長ですが、そのA氏とは取引がなくなった後も、いわば友人関係が続くことになりました。私のような平凡なサラリーマンと違って社会的地位もあり、経済的ベースもあるエリートなのですが、それなりの付き合いをさせてもらっています。

知り合うきっかけは、私の勤めていた会社の大阪本社で、となりの販売部から通訳がてら会議に出てほしい、との要請があったことです。その販売部が扱う商品の輸出商談で、フランス人二人が来阪することになりました。その商談の中でA氏の会社が仲介商社となっていました。A社長と日本人の営業部長の二人が東京から来阪しました。

会議は一応商品のトライアルが決まるところまで進み、会議が終わって二時間ほどおいて会食となりました。その販売部の営業担当男性は所用があり、会食には販売部の女性社員に急遽私が加わることになりました。フランス人と日本人が各三名で、ホテル日航のフランス料理レ・セレブリテに行きました。

六人で日本語、フランス語と英語が飛び交う華やかなディナーとなりました。わが社の二人はフランス語がダメです。来日フランス人二人は日本語がダメでした。東京からの二人は三か国語をしゃべります。A氏の日本語も上手でしたが同社営業部長のフランス語も上手でした。

会食では話題には困りませんでしたが、私にとって二つほど困ったことがありました。まず、メニューです。フランス語で書かれてあるので私は読めなかったのですが、これだけでは済みません。値段が書かれていないのです。本当に参ってしまいました。次にワインでした。

「白ワインを選んでいただけませんか？」

とA氏に言われた時にはどきっとしました。

こんなところからA氏と私の関係が始まりました。東京出張の数回に一回はA氏のところを訪問するようにしました。もちろん仕事の打ち合わせで行くのですが、A氏と夕食を一緒にとるのも楽しみに入っていました。

「フランス料理は女性がいないと…」

と言うのがA氏のことばでしたが、三十代後半の男性二人で、やや高級といった感じのフランス料理レストランで食事するのも、雰囲気は決して悪いものではありません。

名士といってもいいA氏と平凡なサラリーマンがどういうことでそんな関係になったのか、私にも分かりにくいのですが、おそらくは歴史についての話題が二人を結びつけたのだろうと思っています。A氏は政治学者、歴史学者であり実業家という顔を持っています。その中で歴史の話題でなんとか同氏についていきました（と私が思っているだけかも知れないのですが）。幕末の特に日仏外交史が専門であるA氏ですが、私は懸命に自分のありったけの知識をしぼり出していました。素人の私によくも付き合ってくださったものだと思います。

ほとんどが東京でしたが、大阪で二人で会うこともありました。食事の後に北新地のスナックで何を話したのか。店の和服が似合っているママから、

「これだけ日本語を話されるのであれば、それだけですばらしいですね」

とひと言あったのが印象に残っています。

何度か商売になりそうだなどと思ったことがあったものの、その販売部の商品を含めて、わが社が扱っている商品をフランスに輸出することはできませんでした。そうなるとなかなか東京に出張してもA氏の会社を訪問することも難しくなっていきました。

ともあれ、仕事を離れても夕食を一緒にすることもありました。私のほうはいいのですが、A氏のほうはどうだったのでしょうか。迷惑ではないだろうかなどと推し測ったことも何度かありました。私にとっては魅力のある人物でしたから、相手に嫌がられるまで続けてみることにしていました。その意味では女性に振られるまでデートを申し込もうという、一途な男性とあまり差がないといえます。

それ以降は仕事とは切り離した友人関係といえそうです。大げさかも知れないのですが日仏親善です。その意義を感じながらA氏と接したいと思っていました。しばらくして日本の政治家のこともよく話題になりました。日本の大臣で親交のある方がおられたようです。私は、政治の分野でも自分の知っていることを精一杯話すだけでしたが、歴史と同じく同氏はよくお付き合いしていただいたと感謝するというよりは、驚きのほうが大きいのです。

一九八〇年代も末の真夏の頃に、A氏が関係する企画があり、電話で北海道の函館への招待がありました。私が躊躇していると、「独身でしょ！」のひと言で函館に行くことになりました。土曜日に函館に入り、一泊して月曜の朝に函館から羽田に行き、東京での出張に間に合わせることにしました。

土曜日の午後に展示会の会場に入ったのですが、A氏がいなくて慌ててしまいました。私が函館に来たことをどう伝えたらよいのか。電話では意味がない。写真を撮っても意味がない。どうしようかと市内をぶらぶらしていたところ、土産物屋にはがきを発見しました。「これにしよう！」と思い立ちました。ホテルで絵はがきに、ひと言函館での印象を書き添えて投函しました。サラリーマンの分際で無理をしてもいけないのですが、私の精一杯の頑張りが少しは通じたのかと今でも思っています。

私の結婚式には無理をいって東京から大阪に足を運んでいただき、披露宴に出席していただきました。A氏のスピーチは異彩を放っていたと思います。こうなればもうビジネスとはいえず、人と人との関係ということになります。

その後も東京出張の際には機会をみてA氏を訪問するようにしていました。仕事が変わるとなかなか東京に出ることもなくなってしまったのですが、貿易関係の仕事をしていてよかったなと振り返ることがあります。日仏の親善に役立つなど不遜な考えはさておかなければなりません。ただ、私にとってはフランスやフランス人を見る目が変わりましたし、A氏も日本や日本人に対する見方を少しであったとしても深めていただけたとすれば、なにがしかの日仏の親善ということではないかと考えています。退職した現在でも、電話一本でA氏に意味ある話ができそうな気がしているのです。

15. 経営企画室への異動の話

私の勤務していた会社は日本におけるメーカーでも大企業といわれていますが、その経営戦略・計画を担当するのが経営企画室（仮称）ということになります。この部署はことばとしての的確性はともかくとして、企業における「参謀本部」といっていい組織です。会社は私が入社する以前は「〇〇〇人事労務株式会社」などと社内で揶揄されるくらい、人事労務が幅をきかせていましたが、経営企画室が発足した一九七〇年代初め頃からは一貫して経営企画室が会社の中枢的な組織となりました。エリート室といってよく、そこの室長経験者はじめ担当者はそれなりの昇進をしていました。

ある時その室長豊田（仮名）さんから私に「うちの室に来るか？」と言われました。豊田さんがその一、二年前に室長になる時に、

「お前を呼ぶから。その時は来るだろうな」

と念押しされていたので、いよいよその時が来たと思いました。

私が二十代後半から三十代前半の頃は、ひょっとしていいところまで昇進できるかも知れないと思ったこともありましたが、それ以降はそういう期待はほとんどしていませんでした。ただ、経営企画室に移れば、今までの充実していた海外営業とは異なった意味で、やりがいのある仕事ができるのではないかと思っていました。

この組織の室長は「常務取締役」くらいの権限があるとは豊田さんのことばでした。その豊田さんにもっとえらくなってもらい、取締役どころか役付取締役になってもらって、その参謀の一人になれば、私にとっては充分すぎると思っていました。私の意見具申の八割は豊田さんに受け入れてもらう自信がありました。そういう関係でもあったのです。会社人としての生き方や哲学もお互いが理解できました。

豊田さんはエリートであっても私はそうではありません。しかし、お互いがまさにツーカーであったのです。

人の能力の中でリーダーシップというのは与えられたものであり、努力して得るのは稀だといわれます。秀才でかつリーダーシップを持ち合わせている人は、さらに確率が下がります。たとえば、一軍を統率する司令官もそうだと思います。何個師団、あるいは五万人、十万人を指揮する軍司令官とせいぜい数万人の企業のトップとを比較するのは量や質において困難でしょうが、リーダーおよびその参謀の役割という面からは、ある程度の共通項も見出せるのではないでしょうか。

私は参謀的な役割を担いたいと思っていました。リーダーは豊田さんです。豊田さんが代表取締役になれば私は末席でもいいのでその参謀になりたかったのです。

「おまえにそんな重要なポストが担えるのか！」

と言われそうですが、私が判断するものではなく、会社の役員が指名するものです。

経営学やマーケティングのエキスパートでもありません。社内にはかつての学業成績優秀者、頭脳明晰者がいくらでもいます。

「私が多少なりとも自負できるのは、歴史観であり、世界と日本の動きを捉えてその方向性について自分なりの理屈で説明できることだろう。合わせて人物眼でも貢献できるのではないだろうか。」

そんな期待が膨らんだ時期があったのですが、結局のところこの話はなくなりました。それにまつわるいろんな状況からの推測ですが、豊田さんと私の人事権を持っている上司山口（仮名）さんとの折り合いが良くなかったからでした。豊田さんと山口さんは入社年次が近く、いわばライバル関係であったのがその最大の要因です。

私は入社してからほとんど貿易関係の営業で、海外や海外企業との取引の経験を重ねてきました。企業参謀になれば、グローバル化の加速・推進を目論んだでしょう。コーポレート・ガバナンスについても意見具申したでしょう。少なくとも「執行役員制度」には反対したと思います。こんなアメリカかぶれの見せかけ役員制度は意味がないと思っていました。あるいは、女性幹部・管理職の登用を画策したと思います。

異動の話は豊田さんから山口さんに申し入れましたが、山口さんからの断りで一件終了となりました。私は当時担当していた海外営業が嫌いではありませんでした。要は今までの仕事とは別の魅力を感じていたのです。それから数年で豊田さんはある事業部門の事業責任者に転出しました。役員にはなっていましたが、役付取締役への道は険しく思えました。

豊田さんが移ってからは企業参謀のことは忘れてしまいました。目の前の仕事に没頭しようとしました。余計なことは考えないことです。自分のやってみたいことができるのなら、サラリーマンにとってこんな楽しいことはありませんが、世の中そんなに甘くはないのです。「あの時？」などといっても始まりません。ことこの異動に関してはラッキーがアンラッキーになっただけであると自分自身を納得させました。

16・昇進したければプライドを捨てるべし

ある営業部長の辻口（仮名）さんと別の営業部の課長千葉（仮名）さんです。辻口さんは五十歳を回ったばかりでしたが、その上の事業部長になるにはあまり年齢的に余裕はありません。部長まではトップではないが少し遅れただけであり、まだ事業部長になる可能性はあると自分では思っています。千葉さんは三十代半ば過ぎですが、衆目の一致するところエリートコースを歩んでいます。このままいけば高い確率で役員になれると思っているはずです。

この二人が属するそれぞれの営業部の他にもう二つの部と生産管理室という組織によって大阪の事業部があり、一つの大きな部屋の中にデスクが並んでいます。あと東京にも営業部があり、その他地域に工場や研究組織があり、平均的な規模の事業部といえます。

その辻口さんの家族に不幸がありました。父親が亡くなったのです。喪主として葬式とその後のことを済ませた後に大阪の会社に戻ってきて、二、三日経った事務所でのことでした。辻口さんはあまり遅くまで残業するというタイプではありませんでしたが、忌引きで休んだためでしょうか、仕事が溜まっていました。一方の千葉さんもそれほど会社では残業しないタイプですが、めずらしく遅くなっていました。夜十時を回っていたでしょうか、コピー機のところで二人が何やら話を始めました。大阪本社事務所でも広いほうのこの部屋では、あと一人清水（仮名）さんがいるだけでした。

話は大体次のようなことです。

「辻口さん、このたびは大変でしたね。ご愁傷さまです」

と千葉さんから話しかけました。

「おやじも歳だったし…」と辻口さんは返します。

辻口さんはコピー機を使用しながら千葉さんとめずらしく話しだしました。辻口さんは、

「父親は歳だったし、仕方ないよ」

と言うのですが、決して機嫌が悪いということではありませんでした。千葉さんは続けて、

「私の親はもうどうしようもなかったですから。歳とった親の面倒をみるのも大変だったでしょうね。少し落ち着かれましたか?」と言ったのです。

そこで辻口さんは突如、

「千葉!俺の親を茶化しているのか。いい加減にしろ!」と怒りだしました。

「俺の親はどうしようもないやつだったというのか!」

と語気を荒げたのです。その部屋にいた清水さんは今まで耳を澄ましていましたが、思わず頭を上げてコピー機のほうを向きました。話だけを聞いていると、辻口さんが千葉さんに殴りかかろうとしているのではないかと思ったからです。千葉さんは慌てて、

「そんなつもりじゃありません。私の父親が亡くなった時にそんな事だったもの

ですから」

と応えました。辻口さんは、

「何をいってるんだ。俺の親をどう思っているのだ！俺に殴られたいのか！」

とまで言いました。

昼の仕事時間中にこんなことばを聞けば、部屋中が騒然となり、大阪本社に知れわたるでしょう。もちろん二人の喧嘩であり、悪名が鳴り響くことになってしまいます。千葉さんは、

「申し訳ありませんでした。本当にすみませんでした」

を繰り返すよりなかったのです。この間のことを知る清水さんはその場の雰囲気の異常さに凍り付いてしまいました。

暴力を伴う喧嘩沙汰にはなりませんでしたが、ことは簡単には収まらないはずです。千葉さんは困りましたが、さすがにこれまで社内でエリートとして歩んできた人です。二つの手を打ったのです。

まず、千葉さんは辻口さんにレターを書きました。

「このたびは長幼の序もわきまえず、真に失礼なことを…」

と書き連ねたものを辻口さんに渡しました。清水さんが考えるところでは、千葉さ

んは辻口さんが逆上するほど失礼なことをいったとは思えないのですが、千葉さんのレターは本当に平謝りの文面でした。

これを受け取った辻口さんは機嫌を直しました。自分の優越感を満たすことができたからです。このレターを受け取ったことがうれしいのではなく、このレターを営業部の自分の部下の主だった者に見せびらかすことができたからです。

もちろん、千葉さんとしてはできればそんなレターを書きたくはなかったのです。恥でした。自分が失礼なことをして謝るレターを、みんなに見せびらかされるのは恥といえるでしょう。市中引き回しの刑とまではいわないが、なんとも堪らなかったことでしょう。しかしその恥をかき捨てれば、いいことも招き入れることができる。千葉さんはそう期待しただろうし、そう確信していたと思います。

もし辻口さんがレターをだれにも見せずに自分のうちに留めていれば、千葉さんにはほとんどメリットはありません。単に辻口さんに頭が上がらなくなるだけです。しかし、もしレターが辻口さんから他の人に漏れた場合は、辻口さんは千葉さんに負い目を感じるはずです。本来は秘密であるべきレターを第三者に知らしめることになるからです。おそらく千葉さんはそこまで読んでレターを辻口さんに渡しているはずです。辻口さんは千葉さんに一本を取られても、恥をかき捨てることによって、一本を取り返すことができたと考えられるのです。

ここで清水さんですが、喧嘩の場面は目撃していましたが、同じ部屋の事業部の人にそんな話をすることができるでしょうか。辻口さんの部下であるということも考慮が必要ですが、レターのことが分かれば、清水さんがレターと同じようなことを話してもニュースとしての価値はないでしょう。

千葉さんはさらに二つ目の手を打って、保険をかけました。事業部長の神山（仮名）さんにことのいきさつを話すことでした。回り回って神山さんに噂が伝わる前に、自分から辻口さんの上司でもある神山さんに話したと考えられます。その際に自分の直接の上司である営業部長にも話しています。「変な噂」とならないような予防線といえます。

その変な噂とはならない状況でしたが、半年も経たない時期に新たな展開がありました。千葉さんが他の事業部に異動となったのです。この人事異動が事業部内では奇異に映りました。千葉さんはすぐではないにしても、おそらくは所属の営業部の部長になるだろうと思われていたからです。事業部が変わるということはその既定路線の変更と受け取られかねません。

ただし、清水さんはそうは思いませんでした。これはしばらくの期間は辻口さんと千葉さんを離しておいて、冷却期間をおいた後で事業部に戻すという、事業部長神山さんのいわば親心のようなものだと推測しました。辻口さんは千葉さんと「喧嘩まがい」の言動を起こす可能性のある部長であり、事業部の若きエースを温存するための方策ということになります。

案の定というか清水さんの予想どおり、二年も経ず千葉さんは事業部に戻ってきて、その後数年で営業部長になりました。千葉さんにとっては目論見通りであり、エリートコースからは踏み外していなかったのです。ある意味で千葉さんの実力です。出世昇進のためならプライドなどどうでもいいのです。

一方の辻口さんです。千葉さんから一本取ったのですが、千葉さんからのレターを仲間内に知らしめたのは、諸刃の剣となりました。辻口さんにとっては千葉さんに謝罪レターを書かせたのは気持ちいいものであっても、辻口さんが千葉さんにとって「秘密にしていてほしい」レターを社内に漏らしたのは、おおいに負い目となるはずでした。辻口さんは千葉さんの上に立ったはずが、同じ高さになってしまったのです。

すなわち、辻口さんと千葉さんは対外的には「不可侵条約」を結んだようなものであり、ふたり仲良くしなければならなくなったのです。千葉さんは辻口さんという自分より十年以上の先輩であり部長職にある人を、自分の同盟者の一人とした訳で、千葉さんの出世にとって決して悪いことではありません。

千葉さんは辻口さんとの話の中で、突然因縁のようなものをふっかけられましたが、そこは自分のプライドを捨てて辻口さんの機嫌をとることに万全を期しました。実力者である自分の上司も抱き込んで、辻口さんを押さえ込んでしまったのです。昇進するためならなんでもやるということを実践したのです。

昇進したければ、プライドを捨ててでも何をしてでもそのための方策に邁進するべし、というのが私なりの理屈です。もし、辻口さんが「切れた状態」のままで、千葉さんが何も行動を起こしていなければ、辻口さんは社内の仲間たちに、

「千葉は俺の親が亡くなったことを茶化した」

と触れ回っていたでしょう。千葉さんの昇進にとっては決してよろしくないことです。辻口さんが切れたとしても千葉さんにどれほどの責任があったかは疑問ですが、千葉さんにとっては、辻口さんが千葉さんのいろんなことを社内で触れ回ってしまうことが、一番怖いことでした。それを阻止するには、どんなに恥ずかしいレターであっても、千葉さんがさやを収めてもらうことをしなければならなかった、というよりないのです。

さて、清水さんは千葉さんが怖くなりました。社内での昇進のためならなんでもする人だと確信したからです。そのことは千葉さんが人を裏切ったり、その時の情勢により日和見になったり、自分の信念を曲げたり、清水さんの価値観とおよそ異なることを千葉さんがやってのけるであろうということを感じたからです。いいとか悪いとかの問題ではないと考えるのです。ただ単に昇進したければプライドを捨てることであり、それが昇進にとっての必要条件であると考えるのです。ただし、これはあくまで昇進のための必要条件であって、十分条件ではないと考えます。

17．海外出張報告書の作成と提出

海外出張を何回となく経験すると、その出張報告書の作成も慣れてくるものです。私が勤めていた会社ではもちろん国内における報告ないし報告書も作成義務があったのですが、それほど厳格なものではなく、様式・形式もさまざまでした。それぞれの事業部や部場で適宜作成されたり、作成されなかったりでした。

私の場合は貿易関係の仕事が多く、出張といえば海外出張であり、その報告書となります。しかも単独の出張ではなく上司に同行ということも多く、この出張の場合にはいろいろと気を使うことが発生しました。どのような上司と出張するかによって天と地ほどの差が生じます。出張自体でも悩まされることがいろいろとあったのですが、出張報告の作成と提出についてもおおいに悩まされることになりました。

海外出張の報告といってもいろんな報告方法がありました。大きくいえば、現地からの報告と帰国してからの報告です。現地からの報告は、入社した一九七〇年代後半から一九八〇年代半ばまではテレックスでした。その後はファクシミリになり、一九九〇年代末からはｅメールが中心でした。

単独出張の場合はその都度部長なり事業部長への報告を現地から行います。その日の出張要点を報告するので、簡潔にまとめて書いて大阪に送信すればよいのです。帰国してもできるだけ早く報告書をまとめるのですが、すでに現地から都度報告していたものを肉付けして、それに全体としてもまとめを付け加えることになります。出張期間の長さにもよるのですが、週末金曜に帰国すれば、その土・日の二日間を使って作成することを心がけたものです。出張の疲れもあるのですが、翌週の月曜日から報告書をまとめるのはさらにつらくなるし、通常の業務にも支障をきたしかねません。

問題は上司に同行する出張でした。といっても上司次第です。私の経験では三つのタイプに分けることができました。第一のタイプは上司部下の役割分担型です。出張について具体的に指示があり、打ち合わせ準備から相手先顧客との会食や週末の過ごし方まで、部下である私がフォローするだけでも充分な仕事量がある場合です。報告書のあらましについても指示が出ます。上司と部下の役割分担がかみ合わさっています。日頃の仕事の延長です。

二番目は部下に任せるタイプです。よほど海外出張に慣れている上司でもない限り、一般的には仕事を担当している部下自身が訪問相手や現地事情を上司よりは分かっている訳であり、それをベースに部下に任せるものです。部下である担当者はこの機会とばかり、自己アピールを含めて担当としての能力を発揮しようとします。別段悪いことではありません。出張報告は部下にとっては力を入れすぎる必要はないし、自己裁量で伸び伸びと作成できます。当然ながら、報告書にあれこれ指示はしません。

三番目は海外を意識するのか、自分は部下よりは能力があることを見せつけようとするのか、自分が主導していることを相手先に対してもアピールしようとするタイプです。要するに会社とか組織ではなく、個人（上司である自己）としての出張であることを強調したいのです。担当者よりも相手先や現地に関する少ない情報と経験しか持ち合わせていないのに、自己の役職者としての能力でそれを上回ろうとするタイプがいるのです。

こと海外に関しては、それを担当している部下が英語力を含めて専門的に折衝・対応できる場合が多いのです。確かにマネジャーとしての能力はあるのだろうし、それだからこそ事業部長であり部長の地位にあるのです。しかし専門的なことは部下に任せればよいのではないでしょうか。

この場合の出張報告書がどのようなものになるかは、容易に想像がつくはずです。もちろん部下が報告書のドラフトを書くのですが、一字一句に至るまで添削を受けることになります。

こういう場合は、報告書の作成だけではなくそのドラフト提出時期にも気をつけなければなりません。週末金曜に帰国した場合、土・日に頑張ってドラフトを作成しても月曜に提出してはいけないのです。火曜でもよくないでしょう。その前にまず出張の旅費精算があります。これも月曜に精算書を上司に提出するとよくあ

りません。上司からは、

「俺にすぐに精算書を書けというのか！」

と一蹴されるのです。俺は出張明けは忙しいのだ。お前の精算書に目を通して、俺の精算書に記入するなど、月曜にできる訳がないだろうという理屈です。

報告書のドラフトの提出はいつがいいのでしょうか。これも上司の仕事の状況を見てからとなるのですが、水曜か木曜が適当でしょう。火曜であれば、

「これで無罪放免されると思うな！」

と言われたこともありました。水曜がいいかも知れませんが、上司の仕事次第であり、気分次第ということになり、その日がいいかどうか読み切れない場合が多いです。木曜提出であれば、

「報告者はまだか。いつまで待たせる！」

ということもあり得ます。この種の上司は海外ないしは英語に対するコンプレックスを持っていることが多いというのが私の経験則です。

今は海外ないし貿易ということが、以前とは比較にならないくらいに会社員にとって近い存在になってきています。だからこそこのタイプの上司も少なくなっているでしょうが、しかし、ここで一考しなければなりません。こんな現代で海外

にも自信がなく、英語にも自信がない人が自分の上司になったり、それなりの役職についている場合はどうなるのでしょうか。私が経験した以上の厳しい職場環境に遭遇する確率が高くなりそうです。海外出張というのはパスポートを持った分だけではなく、何かが違ってくるのです。

18・メンタルヘルス維持のための戦い

私の会社生活の中から、ある上司との関わりを通じてメンタルヘルスをどのようにして維持していくかを考えてみたいと思います。

この話にはモデルがいるのですが、話というのはあくまでもそれを述べる人の主観とか視点とかを通したものであることを、肝に銘じながら述べていきたいと思います。

私の勤めていた会社をXXX社としましょう。課長で数人の部下もいますが、私は中村（仮名）さんという一般的にいう変わったタイプの厳しい上司と仕事をしています。もう三年を超えますが、私はこの中村さんと仕事をしてからは、それまでの上司からは経験したことのない疲労感と常時付き合うことになりました。

中村さんは仕事熱心です。会社にいる間はほとんど仕事のことを考えているのでしょう。昼休みの間もいつも同じ連中と過ごすのですが、食事中でも仕事のことが中心で、時々部下を叱責します。仕事上の話したいことが終われば、後は家族のことを話します。もっぱらお嬢さんの自慢話です。

私は他の同僚部下とともに上司の話に合わせているだけで、仕事上の有益な話を聞ける訳でもなし、私にとって関心のない上司の家族の話を聞かされます。ただでさえ胃腸の弱い私が、昼食時に聞きたくもない話に付き合わされることになり、腹の調子がいい訳がありません。

朝出社して顔を合わせて仏頂面を見せられ、仕事で話をすれば九〇数%は私に対する叱責か、あるいは嫌みまじりの会話で時間が過ぎていきます。私も、

「よくもまあ嫌われたものだ！」

と何度か心で叫んだことがあります。合わない上司だとひと言で断じるのは簡単ですが、それだけでことが収まるものでもありません。

毎日いや毎時間こんなことでは身体がもたないのではと思ったことも何度もあります。いや今にして思えばよく身体がもったと思います。聞くところによれば、

今まで中村さんの職場仲間で何人もメンタルヘルスで問題を起こした人がいます。以前は「ノイローゼ」といわれていた職業病のようなものです。

私が中村さんの直接の部下であった三年を超えた時に、北原（仮名）さんが中村さんと私との間に入ってきました。私の人事考課者（直属上司）は引き続き中村さんでした。北原さんは年明けから同じ職場になったのですが、当初は中村さんと北原さんとはすこぶる仲がよく、周りの人はその親密ぶりに驚いていました。私は北原さんとは異動前から仕事上の関係が深く、その性格や行動様式もよく知っていました。中村さんと北原さんとがうまくいくのか心配でしたが、異動早々はどうということもなく過ぎていきました。

私が考えるには、中村さんとの関係が順調にいく人の確率は低く、十人中一人か二人というのが妥当なところでしょうが、世の中はそんな単純なものではないので、三人いるかも知れません。そうこうしている間に年度末の三月を過ぎました。四月はじめの人事考課も終了です。会社員にとっては決算も終わり、一息する時期でした。

ここで田中（仮名）さんが登場します。田中さんは中村さんよりも入社年次が数年後で、人事労務畑の人です。私が思うに、田中さんは優秀な人でした。何度か話す機会もあったし、昼にも、夜にも二人で食事したこともあります。人格や頭脳明晰度からいっても将来の経営幹部候補と考えていました。

　その田中さんはかつて工場の労務管理をしていた頃に中村さんの部下だったことがありました。そして北原さんも田中さんと知らない仲ではありませんでした。要するに私を含めて中村さん、北原さん、田中さんの四人が、それぞれなんらかのかたちで各人の人物について知っていたという関係でした。

　おそらくその四月の中旬です。北原さんは人事部の田中さんのところに行きました。

「実は話があるのですが…」

と北原さんが人事部の一室で話を切り出しました。田中さんは、

「前田（仮名）君のことか？」

とすぐさま聞きただしました。北原さんは一瞬、あれっと思ったのでしょうが、はっきりと、

「いいえ、自分のことです」

と答えました。北原さんも驚いたが、田中さんも驚きました。

　北原さんは話を続けました。大阪に転勤して中村さんの下で働きだしてまだ三

か月余りですが、中村さんにはもう耐えられないので、自分はどこか他の部署に替えてほしいと訴えたのです。田中さんは中村さんのことを充分に知っています。かつて工場で中村さんの下で頭がおかしくなるくらい苦労した経験があります。田中さんはその時期に中村さんをぶん殴って会社を辞めようと思ったことすらありました。殴って会社を辞めるほど、こんなやつに値打ちはない、と思いとどまったはずです。

田中さんは私が三年間中村さんの下で仕事したことを知っています。中村さんの下で私が仕事していたことによって、私がメンタル面でやられてしまったのではないかと、田中さんは推し測っていました。田中さんは、私の心配な状況を、北原さんが田中さんに伝えに来たと判断したのです。

ところが、なのです。北原さんは中村さんの下で仕事してまだほんの三か月しか経っていないのに、私ではなく、北原さん自身が中村さんの下では頭がおかしくなるといったのです。

要するに北原さんも田中さんも私も中村さんの下で、期間の長さに差はあるものの仕事をしたことがあり、頭がおかしくなるほど悩んだ挙げ句、中村さんを殴って、その後会社を辞めてもいいと思ったことがあるという、共通の体験があるのです。

ここでひと言中村さんの弁護をしておきます。仕事においては非常にするどいところがあるし、仕事に対して熱心です。営業成績も上げてくれるし、利益目標も達成してくれる。中村さんの上司になってみれば、中村さんは優秀な部下といえるかも知れません。部下との関係も少々のことであれば問題視するほどのことでもないのではないか。そう考える上司は比較的多いものです。十人中で二人か三人、いや四人はいい評価をするかも知れない。

しかし、その部下になった場合は多くは厳しすぎると考えるだろうし、私や北原さん、田中さんにすれば地獄にいるようなものでした。果たしてこのような人たちにとってこの地獄から逃れる方策はあるでしょうか。

ほとんどの会社員にとって、上場企業その中でも大メーカーに入れば、その正規社員としての身分は失いたくありません。辞めても食っていける人は別です。最近では多少事情は変わりつつあるかも知れませんが、まだまだ大勢に変化はないと思います。

私も例外ではなく、会社を辞めた場合には将来の生活は絶望的になります。会社は辞めたくありませんが、この地獄の状況にあってどう会社生活を過ごそうとするのか。北原さん、田中さんと私の試みをたどってみましょう。

まず北原さんです。社内のしかるべきところ、すなわち人事の田中さんに中村さんのことを「訴えてみた」のです。ここで大木（仮名）さんが登場します。大木さんは役員あるいは役員に近い人と考えてよい人物です。中村さんの上司である大木さんに訴えなかったのは、大木さんが部下である中村さんを高く評価していたからでした。北原さんが大木さんに直接訴えても、軽く一蹴されていたはずですし、より人事的権限を持っているであろう大木さんの、北原さん自身に対する評価をかえって落とすことになります。

この時の人事の田中さんの対応は「もう少し待て！」でした。すぐに北原さんが望むような部署を見つけることは難しい。偶然にも大木さんには中村さんを今の部長ポストから替えればいいのではと、田中さんがアドバイスしていたというのです。北原さんは溜飲を下げたのでしょうか、納得したのでしょうか。あるいは、同じ職場にいる私を抱き込むことで、もうしばらく辛抱する気持ちになったのでしょうか。北原さんは時期を待つことにしました。そして私と緩やかな連携のようなものを模索したのです。

次に田中さんです。かなり前のことになるのですが、この優秀なる人物は中村さんをぶん殴って会社を辞める代わりに、自分の部下を掌握して中村さんに対抗しようとしたのです。その人たちは中村さんの部下でもあるのですが、直属の部下ではなく、田中さんの直属の部下でした。この部下掌握は中村さんに対しては秘密裏に行われました。いわば叛乱というかレジスタンスのようなものでしょう。ただ、これが何か月もつのか何年もつのか、その期間は分からないのであり、田中さんとして大きなリスクを負っていたともいえます。

私はどうだったのでしょうか。中村さんの下で一人で抵抗の道を選んでいました。三年を過ぎて北原さんが私の斜め上に来てからは、実質的に一・五人で中村さんに抵抗したことになります。北原さんは〇・五人分として計算しています。

この一人での抵抗というのは、上司である中村さんに対しては仕事における上下関係のみで接して、その他の関係を絶ったということです。いくら叱責されようが、仕事上の謝罪をしても人間としての謝罪は拒否するのです。ある時中村さんからこんなことを言われました。

「前田！おまえほど心を割って話をしないやつをみたことがない」

と。私はそれでもいいと思っていました。親の敵のようにののしられ、地獄の中で三年間を過ごさせた人にどうして心を開いて話す必要があるでしょうか。

ある時、会社帰りに地下道を歩くと、ふとサンドバッグ状態になったボクサーの情景が頭に浮かんできました。私はこのまま打ちのめされて、果たしていつまでもつのだろうか。いつノックアウトを宣告されるのだろうか。その前にセコンドがタオルを投げてくれないかと思ったことがあります。

突然ですが、「タオルを投げる」の説明が必要でしょう。ボクシングの勝敗の決定方法にはいろいろあります。判定、KO（ノックアウト）、TKO（テクニカルKOといって負傷でドクターストップなど）、レフェリーストップなどがあり、「タオルを投げる」や戦意喪失による棄権もあります。私は棄権はしたくなかった。しかし、自分サイドのセコンド（コーチのような者）からタオルを投げられれば、そこで負けです。タオルを投げてくれれば、自分の名誉も守れるのにと思ったこともあるのですが、肝心のセコンドがいません。

私にとっての三年余りは、試合でリングに上がったボクサーのようなもので、いわば中村さんと打ち合うのみでした。といっても上司と部下の関係は、体重別クラスの上と下のようなもので、パンチ力がはるかに違います。私は打たれ続けるだけでした。リングには二人しかいません。何ラウンドか分からない最終ラウンドの終了ゴングを聞いた時に、地獄の決闘から解放されたのです。

私自身は後年多少の身体の病気をしました。この時の三年が影響したのかどうか因果関係は知るよしもありません。メンタルは大丈夫でした。三年間とその直後の状態がどうだったかは考えないことにしています。

北原さんは三か月でダウン状態になりました。田中さんは一年あまりで最終ラウンドとなり、肉体面でもメンタル面でも大きなダメージを受けずに試合終了でした。私は三年余り（プラス一年半というべきかも知れません）でゴングが鳴り、サンドバッグ状態からの解放となりました。試合における戦い方はそれぞれがその個性を発揮したことになります。この三人は肉体というか身体はどうか分かりませんが、少なくともメンタル面では大きなダメージは受けなかったのです。

会社ではいろいろな上司に出合います。よくいわれるように上司は選べません。会社を簡単に辞める訳にもいきません。自分にとっていやな上司に出くわせば、これほど会社員としてつらいことはありません。その上司に対する方策、戦い方ですが、北原さん、田中さんと私の三つの方法がありました。これ以外にあらかじめセコンドを付けておくという方法もあるかも知れません。

私のような戦い方がよかったとはいいませんが、私の会社生活を振り返った場合、北原さんや田中さんの戦い方は考えつかなかったのだと思っています。それで昇進や処遇という経済面で不利を被ったとしても、仕方ないとあきらめざるを得ません。それ自体は非常に残念なことですが。

ただ今にしても不思議なのは、さして頑強な身体でもない私が、上司の猛烈なパンチを三年間受け続けてもなおダウンもせずにリングに立てたことです。何かの幸運としかいいようがないのです。

19・英語に対する接し方と性格・行動様式

三十八年の会社生活の中で社内における出世すなわち昇進について考えることが数えきれないくらいにありました。当然だと思います。昇進は会社員の最大関心事です。いわゆる出世欲はだれにでもありますが、問題はその程度がどうかということです。この出世欲が、本稿のテーマである「英語に対する接し方」とか性格診断にどう関係していくのか。それを私の経験をもとに話を進めたいと考えています。

社内で昇進している人は、出世欲が旺盛な人が多いといえます。あまり出世欲のない人はまず昇進しません。出世欲の強い人は性格が勝ち気な人が多いのです。この勝ち気ということですが、負けず嫌いともいえます。世の中では無欲になって努力すればいろんなことで成功するし、会社の中にあっても真面目に努力すれば昇進するなどという人がいます。私はこのことばをあまり信じません。もちろん、例外はあります。だから「あまり信じない」と述べたのです。

ここで性格についてです。二つに分かれると考えます。一つは人からのアドバイスを受け入れる人、もう一つは受け入れない人です。

人からのアドバイスを受け入れるタイプの人は上司や先輩からの話はもちろんのこと、広く周りの人たちからのアドバイスや注意、指導も受け入れる素地のある人です。英語力が比較的高い人はこのタイプが多いと思います。

人からのアドバイスを嫌うタイプは、会社あるいは仕事における人との対応が少し複雑になります。目上、要するに上司とか先輩にアドバイスを求めませんが、業務上は従わざるを得ないので、アドバイスの発信者に対する不満やストレスが溜まるようです。腹が立ってもそこは会社員のこと、仕方ありません。一方で目下すなわち部下や後輩がもの申せばこっぴどく叱責する傾向があります。何がいやかといって、部下や後輩から意見がましいことをいわれることを徹底的に嫌うのです。こういうタイプの人は英語の上達で苦労します。先生であろうとだれであろうと、人から注意されたり意見をいわれたりするのが耐えられない。英語学習には不向きなタイプです。

また、このタイプの人は上から注意される前に自分なりに徹底して頑張る場合が多いです。上からであってもあれこれ指示されたり、アドバイスされたりするのがいやなので、そうならないように頑張るのです。この頑張ること自体は悪くはありません。

私の会社生活の中で人との付き合いを考えた時に、その人の行動様式に密接に関係する性格を判定しようとしました。そしてその人の英語に対する接し方を判定材料として重要視したのです。その人の英語レベルという訳ではありません。英語とどう関わってきたかが分かれば、どのような人かを判断するのは逆に容易でした。私にとっては会社でその人とどう接していくかを決定してもいいくらいの材料になりました。

英語を全く無視したタイプの人もいました。社内には東大や京大などいわゆる有名大学卒業者がたくさんいました（私の同期入社では、修士・博士を含めると大学別では東大卒が最多でした）。一応のレベルの英語力がなければ、それなりの大学への合格はおぼつきません。そういう連中でも会社に入ってからは英語とはほぼ無縁で、英語と接するのを嫌っていた人もいました。出世欲はあるし、自分なりに仕事の能力はあると思っている人で、だからこそ、人からああだこうだと指摘されるのを忌み嫌うタイプです。もちろん、英語がいやなので商社や海外関係の会社をやめて、化学メーカーに入ってきた人もいたでしょう。

一方で、英語にそれほどアレルギーもなく、ほどほどに付き合っていこうというタイプもこの化学メーカーにはいます。ただし、これらの人たちはタイプを細分しなければなりません。

一つは外国語大学（総合大学の外国語学部を含む）出身者です。私が入社した一九七〇年代後半、まだ帰国子女組は少なく、これら外大卒は存在感がありました。次にＥＳＳ（英語クラブ）組です。ただし、わが社のような国内比重が大きかった会社は、ＥＳＳ組は少数でした。さらにいえば、入社してから英語を勉強した人です。

また、英語にはニュートラルという人がいました。仕事で必要となればそれなりに英語を勉強する人です。それに、英語を専門能力的に捉えて、自分自身は英語をあきらめ、そういう人を積極的に活用しようとする管理職タイプもいました。

社内には英語に対していろいろなアプローチをする人がいましたが、私は英語に対する接し方でその人の行動様式を判断することをしばしば試みました。私の会社での経験の範囲では、かなりの確率でこの分析は当たっていたと思っています。いいとか悪いとかいった問題ではないのです。その人の性格はいうに及ばず、その人の会社生活における哲学のようなものも見えてくることが多いのです。

私は会社の中では、英語に対して何らかの努力をしている人との関係がうまくいきました。英語能力のレベルの問題ではなく、その接し方であり努力の仕方で、何らかの共通意識を持てたからだろうと思っています。

逆に次のような人には関係を深めるのに苦労しました。一つは、英語にコンプレックスを持っている人でした。英語学習の努力をしないのはその人の考え方であり、仕事に支障がなければそれもいいと思います。ただ、コンプレックスを持ち、その反映として英語学習の努力をしている人に敵愾心を持つ人には苦労させられました。私はかつてこんなことを言われました。

「六か月も勉強したら、俺もお前の英語レベルくらいにはなる！」

と。いいじゃないですか。勉強されたらどうでしょうか。会社にとってもいいことですから。

もう一つは、海外留学（短期ではない）経験者や駐在員経験者によくみられるタイプです。英語をギブアップした人や英語レベルがそれほどでもない人に対して、優越的感情を隠しきれない人です。英語力は会社員が有するトータルの仕事能力の一つに過ぎず、この能力のみをもって会社員としての能力をとやかくいえるものではないのです。

英語学習をなんらかの事情で力を尽くさない人も昇進はできます。それでいいのですが、そういうタイプで昇進した人との接し方は気をつけなければなりません。人のいうことを聞かない人が多いのです。その人に対して意見具申などもってのほかです。こういう人が上司になると、私のようなタイプの人間は困るのです。

英語学習をなんらかのかたちで前向きに捉えている人が上司になれば、接し方にはいくつかのの方法があるはずです。その分類に従って性格や行動様式を把握していれば、自ずから道は切り開けるのではないでしょうか。

20・フランクフルト駐在を断る

ドイツのフランクフルトに駐在の話が具体化し、それを断ってしまったのは一九八〇年代の後半から一九九〇年代の後半までのことでした。本来は会社の人事異動についてとやかくいうべきものではないし、ましてや断るなど大きな問題でした。けれども断ってしまったのです。

初めに話が出てきた時期は私にとってなんともつらい時でした。一口でいえば会社を辞めたかった時期です。せっかく上場会社の中でも大メーカーと呼ばれるところに入社して、役職を得るようになってきた時に辞めるなど惜しい話です。ただ、私にとって会社自体に文句はなかったのですが、その年にツキがないというかアンラッキーなことが起きました。会社をそのまま続けていくべきなのかどうかと思い悩んだのです。フランクフルトに五年暮らせるなどいい話ではないかと、社内では十人中八ないし九人は考えるでしょう。しかし、私は海外駐在どころか会社を辞めたかったのです。

辞めたらどうしようかと考えないでもなかったのですが、独身だし十年は食うに困る訳でもありません。もし辞めていれば税理士試験を受けていたのではないかと思います。三年かければ四科目合格の可能性もあるだろう、などと甘い考えが頭をよぎっていました（学生時代に会計科目の簿記論のみは合格していました）。あるいは英語を数年特訓して塾の講師になれないかとも思いました。思い起こせばこれもまた現実的かどうか疑わしい考えでした。

当時、もったいない見合いの話も断ってしまいました。一生独身でもいいかという気にもなり、私には一般企業のサラリーマンすなわち会社員は向いていないのではないかという思いが頭を支配していました。

父親には思わず「会社を辞めたいと思っている」と漏らしてしまっていました。大学に入る時、会社に入る時にも親に相談らしきものをしたことがない私でしたが、この時だけは相談ではないものの、ひと言くらいは断りを入れなければならないと思っていたのでしょう。結果的には会社を辞めることはなかったし、父親にそれ以上のことを話すこともなかったのですが。

二度目のフランクフルト駐在の話も私は断りました。もし駐在すれば身体がおかしくなるのではないか（メンタルでやられることも含めて）と思ったのが最大の理由です。フランクフルトの会社の最大顧客は親会社の大阪のある販売部ですが、その販売部の責任者と私とは関係がむちゃくちゃでした。もし駐在していれば何割かの確率でまずメンタル面がやられてしまっただろうと、今にしても思うのです。

　会社の配属は自分の思い通りにはいきません。自分の行きたいところに行かせてもらえる訳ではありません。行きたいところでも、時期が合わなければだめになります。もちろん行きたくないところに行かされることもあります。人事異動は運に左右されることも大きいのではないでしょうか。そもそも、どこの会社に入るかもその要素が大きかったはずです。

　一方で、自分自身の経験でいえば、運の要素の部分を小さくする努力はできます。人事異動の話を断るのであるから、その後の社内の昇進や処遇に影響を及ぼすことは間違いありません。

　第一回目の駐在話の時は、その影響を最小限度にとどめることができたと思っています。上司とは話が分かり合えたからです。上司に直接的に「会社を辞めたい」などと言ったことはないし、それを悟られるようなこともなかったはずです。ただ、上司には私が悩みを持っていることは理解してもらえました。仕事では新しいテーマを与えられたし、指導もしてもらえました。私もそれに応えてそれなりの成果をあげたし、それが上司の栄転にも貢献したと自負していました。もちろん社内の人事上における罰点もついていなかったはずです。

それに反して二回目の話の時にはさんざんな目にあいました。職場ではそれまで以上に上司からの攻撃、叱責が激しくなったのです。親の敵でもあるまいし、などと思ったほどで、とどまるところがありません。あと一年上司との直接的な関係が続いていれば、かなり高い確率でメンタル面での治療を要することになっただろうと思います。もちろん人事面では罰点をつけられたはずです。四十歳を超えていて、年齢的には転職もかなり制限が多い状態でした。

私にとって本来はあまり振り返りたくないフランクフルトの駐在話ですが、断ったことがよかったのかどうかは分かりません。ヨーロッパに駐在できるなど学生時代には夢のようなものだったはずですが、十年、二十年が経ってそれが現実のものにできそうな時に、自ら遠ざけてしまいました。残念ではありましたが、メンタルでダウンするよりはよかったとも思います。実際ダウンしていたかどうかはなんともいいようがありませんが。

うまくいっていれば、経済的にももっと余裕ができていたでしょう。当時は駐在すると家賃はじめ現地での生活費は会社持ちでした。大まかにいえば、ボーナスが二倍になる勘定です。日本にいるよりボーナス何か月分が余分に貯蓄に回せることになります。しかも五年間程度にもわたってです。平凡な会社員にとって収入が三割も四割もアップするなど夢のような話でした。

それでもその夢は単純で淡い夢だったと思っています。悪夢として夜にうなされることもほとんどありませんでした。六十歳を過ぎて退職して、その後も特に生活で困ることもありません。フランクフルトに駐在すればもっとよかったかも知れませんが、私の選んだ道も一つの道であったと思えるのです。

21・会社を辞めたければ辞めればいい

私のサラリーマン生活の中で退職のことが頭に思い浮かんだことは何回かあります。それでも退職した六十二歳まで会社の人に対して「会社を辞めたい」などと言ったことは一度もありません。ただし、「会社を辞めます」とは一度だけ言いました。所定の手続きをして、その後半年ちょっとで退職しました。

会社仲間でも「会社を辞めたい」と漏らす人に時どき出くわしました。

「会社を辞めたいけれど、今おれが辞めればこの事業部や部が大変だから辞められないんだ！」

などと話す人もいました。そんな話を聞くと、

「またそんなことをいっている」と思いながら、

「何をいっているのだ。どうせ辞める気もないのに、そんなことをいって面白いのかなあ」

とあきれていました。

「今はこの事業からは離れられない。この事業の土台がしっかりするまでは俺が頑張らざるを得ないのだ」

などと言っている人も、同じような理屈だと考えられます。すなわち、その人にとってはそのポストを失いたくないというのが主たる理由です。

別にことばの遊びをしている訳ではありません。辞めたいは、辞めませんを意味します。ある人が会社を辞めることをだれが阻止できるのでしょうか。だれもできないのです。それを「辞めたい」と言うのは、自分自身が辞めるということを実行しないからであって、その人が実行しないイコール辞めないということと同じ意味なのです。

大体がこの種のことばを発する人は「辞めないでください」と周囲の人が言うの

を期待しているのです。いわば芝居に出てきそうな陳腐なせりふをいっては、自分自身に酔っているのです。自分に自信を持ちすぎの人がいうことばでしょう。

ところが、この「辞めないでください」ということばが周囲から出てこないとどうなるのでしょうか。一般的には時間が経過すれば自然に話がうやむやになるのであって、だれが「辞めたい」などと言ったのでしょうかという雰囲気になり、それとなく収まるものです。この雰囲気になるのに何分や何時間ということもあるし、何日や何か月ということもあり得るでしょう。

私の経験からして、辞めないでくださいということばが出なかったばかりに実際に辞めたと思われる人がいました。真実のほどはなかなか見えてこないのですが、おそらくは真実に近いと思われる話です。

ある五十代の部長中山（仮名）さんですが、その上の事業部長クラスに昇進したいと思っていました。たとえポストがなかったとしてもその待遇（給与など）を欲していました。そんなある日、上司の魚住（仮名）さんに「会社を辞めたい」と言いました。上司は突然のことにびっくりしました。自分は上司となって一年そこそこであって、中山部長のことをそれほどよく知っているとはいえないが、中山部長が担当している事業はここ数年業績が伸びてきています。魚住さんはこの部長が営業部の業績向上におおいに貢献してきたと考えていました。ただし、自分の部下としては扱いにくいし、部に属する社員の部長に対する見方は、それほどいいものでないことは肌で感じていました。どうしようかと悩んだ末に魚住さんはその上司である役付取締役の北川（仮名）さんに相談しました。

北川さんは、

「辞めたいというなら、辞めてもらえばいいじゃないか。代わりはだれでもできるじゃないか」

と答えたといいます。魚住さんは胸をなでおろしました。中山さんでなくてもあその営業部長はできるのだ、という当たり前のことを悟ったのでした。役員室から出てきた魚住さんはうれしさのあまり、廊下でスキップを踏んで自分の事業部の部屋に戻ってきました。このスキップというのは、役員室のとなりにある部の社員が目撃したというのがこの時の語り草ですが、どこかに脚色されたものがあるかも知れません。

中山さんにとっては予想外の展開となりました。万に一つとはいわないまでも十に一つぐらいと思っていたことが起こったのです。ただしこの「一つ」の保険はかけてありました。会社の早期退職の退職金などの割増制度でした。また、コンサル業をやるための資格を取得していたことも保険に含まれます。何か月かして退職願が提出されました。

代わりに着任した部長の大津（仮名）さんは温厚で知られた人でした。営業部の成績は特に問題となるようなことはなく順調といえばその範囲内でした。中山さんがそのまま部長を務めていたらどうなったのでしょうか。答えもなければ比較のしようもありません。

およそ「余人をもって代えがたい」人などいるのでしょうか。もしいると仮定しても極めて稀です。会社にはどの役職でも、たとえそれが会長や社長であっても、何かが起これればその代行者がいるし、いなければならないのです。

「俺が辞めればみんなが困るはず」というのは本人の思い込みに過ぎないのです。「辞めたい」、「代ってほしい」と言えば周りが困るはずだから、思いとどまってくださいといわれることを期待している訳です。辞めたいのであれば辞めればいいではないですか。辞めて困るのはだれでしょう。あなたではないですか。だから「辞めたい」と言うのでしょうし、「辞めます」とは言わないのでしょう。

私たち会社員は「辞めたい」と言った人に対してよくよく観察することが大切です。およそ自分の進退について軽々しくいう人は、周囲から寄せられる信頼度は低いと考えていいでしょう。脅しや交渉のための手段としてこれを使うのはあまりいい方法ではないと悟ることが重要でしょう。

単に会社員というだけではなく取締役などの経営者にも当てはまります。「辞めたいけれど、この事業いやこの会社のことを思うと辞められないのです」と言われる経営者は多いのですが、私はそういう人たちに疑問符を付けてしまいます。

22・ある提督にみるリーダーとしての条件

第五十三代すなわち最後の海軍大将を描いた『井上成美』という小説があります。阿川弘之の代表作の一つでもあり、他に『山本五十六』と『米内光政』を合わせて海軍提督三部作ともいわれる作品です。

提督とか海軍大将といっても井上成美という名を知る人は多くないでしょう（成美は「しげよし」が名前とも考えるのですが、小説は「せいび」とふりがなを当てています）。太平洋戦争のことなど教科書で知る程度の若者が多くなった現代の日本において、この人の位置づけは一体どうなるのでしょうか。私なりにいえば、海軍の要職にあった人で、米国との開戦に反対し、米国との戦争の終結に奔走し、戦後は隠遁生活をして清貧で生涯を終えた人となるのです。

その人物が戦後世間に知られるようになったのは、『井上成美』という小説が出たことが契機になったと考えます。井上成美の生涯については小説にお任せしたいと思います。私のような素人がとやかくいうのは恐れ多いことです。ただ、ここでは彼のリーダーとしての先見性と論理について、私が感銘を受けたことを述べたいのです。

その第一章の八で次のくだりが出てきます。

「今ごろ進駐軍が来るつてあわててるけど、旦那（井上成美のこと）は兵学校の校長（一九四二年十月拝命、五十三歳、当時は中将）の時、絶対英語をやめさせなかつたんだね。世間で鬼畜米英と言つてたころに、どう思つてさういふことをやんなさつたかね」

部落（神奈川県横須賀市長井）の人に聞かれると、

「日本はアメリカと戦争していたんだよ」井上は答へた。「勝てば英語が要る、負ければなほ要る、どつちにしても、いづれ英語の必要な時代が来ると思つたからやめさせなかつた」。

私はこの論理立てが忘れられません。まず現実の直視です。

「日本はアメリカと戦争していたんだよ」

は現実のことを見つめるとともに将来のことを推し測っています。日本はアメリカに勝てないということを暗示しています。将来の方向性をリーダーとして出しているのです。

すなわち、いずれ英語の必要な時代が来ると考えたのです。明治初年から日本は英語の重要性を唱えてきました。日米戦争があってもなくても、英語の重要性は変わらないどころか重要性が増すことが、現実に戦争をしている日本人全部が思っていたとしても不思議ではありません。

それが、日米戦争により、論理では考えられないような感情論でもって英語教育は廃止させられようとしていました。それに対し、どういう論理でその感情論を打ち消して英語教育の必要性を正当化するのか。そこでおそらくはほとんどの人が反論しにくいであろう「勝てば英語が要る、負ければなほ要る」の論理立てになるのです。そして、これが実行できたのはしかるべきリーダーが主張したからこそです。海軍中将であり海軍兵学校長という要職にあったからであり、このような要職にある者が主張することが必要条件であったと考えます。

ビジネスの世界も同じでしょう。リーダーたるものは現実を直視して将来を見通し、そのうえで方向性を見出すのです。その方向性まで見出せたとしても、現実と将来の方向を結びつけて、現実の政策なり戦略・戦術にまでもっていく論理すなわち具体化することは難しいことです。それを実践するのが真のリーダーといえるのかも知れません。

そして、その感情論で人を動かすのが、リーダーとは似ても似つかないエセリーダーです。扇動家といってもいいと思います。エセリーダーは現実を見たくないし、将来のことも見通したくない人たちです。今あるエセリーダーとしての自身の地位を守るために、政策なり戦略・戦術を当てはめようとするのです。

経営幹部は、できもしない長期経営計画を立て、そのための多数派を形成していきます。またそのために人事権を握るのです。代表取締役とか取締役会というのはそういう人や組織のために存在する、などと思わせられることはないでしょうか。

私にとっての井上成美は、リーダーとしての数ある条件の中の一つについて、明確に例示してくれた人と位置づけられるのです。

23. 経営者の責任の取り方とその範囲

会社経営者の責任について私は持論を持っています。持論にしてはしっかりとした理屈を述べることができないのですが、私の率直な思いということに置き換えたほうが適当かも知れません。世の中の動きや会社での経験に照らし合わせてみて、会社経営者は責任を取らないし、取れないというのが私なりの結論でありますす。部長課長などの管理者やその他社員についても、明白な責任は取りません。開き直った言い方になりますが、私は事実としてそうだと思っています。

私の勤めていた会社での経験をベースにしています。平均的な大会社をモデルにしてみます。まずは平社員の営業活動についてです。一年間の予算があって、売上や利益が足りないといって何か明確な形で責任を取ることはありません。勤務評定なるものがあって、たとえば課長が担当の平社員の業績判定をした場合には良い点はつきませんが、翌年に頑張って予算を達成すれば、その平社員にとってどうということはないのです。

次に事務系の人事総務や管理部門ではどうでしょうか。ここでも大体は同じようなもので、何をどう責任を取るかといってもどうしようもないのです。さらにこれが管理職でも同じようなものです。中下級管理者の係長や課長とて同じです。これが上級管理職である部長・工場長もしかりで、その上の事業部長も同じです。

ここで、責任ということでクリアにしておきたい点があります。責任を果たすことと責任を取ることを次のように区分けします。責任を果たすとは物事を生じさせること（たとえば、営業成績を上げる）であり、責任を取るとは物事の結果に伴って生じた責務を引き受けることです。

さて、責任を取れそうな役員すなわち取締役や執行役員といった役員等の話に進みましょう。冒頭で述べた通り、結論としてはこの役員等でも責任は取らないし、取れないと考えているのですが、その理由を少しずつですが、話していきます。

経営者は会社との委任契約を受けて会社のために働く訳ですが、その働くということが責任を果たすことだろうと思うのです。もちろん働くことによって会社に対して成果をもたらさなければならないのですが、その成果をもたらすことが具体的な責任を果たすことにほかなりません。

それではその成果があまり上がらなかったらどうなるのでしょうか。その時に責任を取らなければなりません。端的にいって業績がダウンしたら責任を取ることになります。これは取締役の会社に対する責任です。

それでは取締役は対会社のみの責任だけかといわれれば、それは違う訳です。一般の会社員と異なるのはその点です。一般の会社員は部長であっても会社に対する責任はありますが、基本的に対外的な責任はありません。

問題は取締役の対外的な責任です。世間でいう「経営者の責任」ですね。社会的なバッシングを受けろということです。例えば、辞任するとか、退職金を減額するとかです。会社の不祥事があった場合に、その責任を取って辞めるパターンです。たとえば、二〇〇七年四月に発生したＪＲ西日本の尼崎脱線事故における、経営者の責任問題といえば分かりやすいかも知れません。

ＪＲ西日本の場合、事故の刑事責任についてはさておくとして、代表取締役の責任が話題となりました。ある代表取締役はＪＲ西日本の本社代表取締役を辞任して、関係会社の役員に収まりました。これには世間が納得しませんでした。ＪＲ西日本から完全に辞めさせろというのが一般の意見でした。もし、「懲戒的」な処分を受けて退職金は大幅減額され、再就職もできないことになれば、この代表取締役のそれ以降の生活はどうなるのでしょうか。

経営者の責任とは一体何なのでしょうか。何度も冒頭の命題に戻ってしまうのですが、現代の企業における経営者はじめ、社会的に責任は重いであろうと思しき人たちのほとんどが、いざという場合に責任を取っていないと思うのです。

議論が若干飛躍するかも知れませんが、これは少なくとも日本においては伝統的なものと思えて仕方ないのです。上は政治に携わる人から下の小さな組織に至るまで、だれがどんな明確な責任を取ってきたのでしょうか。現代企業でもいかにして責任を取らないようにするかという制度組織をつくり、守り育ててきたのではないでしょうか。

日本の大企業でも、一九九〇年代後半から二〇〇〇年代に入る頃には社内の〇〇検討委員会とか審議会などということばを聞くようになりました。国の役所じゃあるまいし、などと私は思っていました。

たとえば経済産業省における〇〇審議会の結論ではとか、厚生労働省の〇〇委員会の報告の通りなど、審議会や委員会が省や大臣の決定よりも重きをなすもののようになってきています。それでは「薬害エイズ」のようなことが発生した時は、だれの責任だったのでしょうか。大臣でもなければ役所官僚でもなく、審議会やその委員でもない。問題が起こった時にだれも責任を取らずに済む組織やプロセスを創り出しているのです。

だれもハラを切らない訳です。武士の時代ならハラを切ったともいえるのですが、果たしてそんな時代でも本当の責任を取ったのでしょうか。自らの過ちにより責任を取ってハラを切ったと仮定しましょう。なるほどその本人は死ぬという形で責任を取ってはいますが、本当の責任を取ったとは思えない場合が多いのではないでしょうか。

なぜなら、ハラを切った武士自身は死んでいますが、その武士の名誉は守られていますし、さらに重要なのは武士の家を守るためにハラを切っている訳です。不祥事を起こしてもハラを切ることによってその家は存続となり、家族もそれ以降は直接的なお咎めは原則としてないのではないでしょうか。要するにハラを切ることが家を存続させるための交換条件となっている訳です。

翻って、例示した現代におけるＪＲ西日本の代表取締役はどうでしょう。ハラを切って代表取締役の辞任どころか、グループを含めて退職したとしましょう。それ以降の生活はどうなるのでしょうか。まさか野垂れ死にとはならないでしょうが、退職金は大幅減額、再就職も難しいでしょうから、家族も以降の生活が大変になるということは容易に想像できます。

少なくとも日本の企業は上場会社のような大企業の経営者を含めて、世間が要望するような責任を取る体制でもなければ制度もない訳です。ビジネスエリートでもある経営者は、念のために日本における経営者の責任とはどこまでの範囲であるのかを、じっくりと確認しておくことが有益であると考えるのです。

24・昇進したければ酒とたばこをやめるべし

私が四十代後半の頃の話です。五年ほど先輩に当たる部長クラスの人と飲んだ時に、酒とたばこと会社生活との関係をその森口（仮名）さんが漏らしていました。森口さんは若い頃、といっても三十代前半の頃ですが、身体をこわした経験がありました。私の目から見て、かれは若干細かい神経の持ち主であって、負けず嫌いの面もあり、自分の仕事上のことでは文句をいわれたくないタイプです。上司のいうことには百パーセント服従ですが、その不満が部下を厳しく扱うことになってしまう人でした。

それほど親しくもないはずである私に対して、自分の健康についていろいろと話してきました。その時はその人なりに私を信頼していたふしがありました。身体をこわしたという頃に医者から、「酒かたばこのどちらかをやめなさい！」と言われたそうです。その頃は会社の仕事でストレスが溜まってしまい、体調不良が慢性化していたとのこと。

医者もやさしいものです。本当なら「酒もたばこもやめなさい！」と言うべきところだったと推測されますが、実践できないことをやれというのは気が引けたのでしょう。

森口さんはたばこをやめました。それまで毎日二十本ではきかなかったのをきっぱりやめました。それはそれで立派なものです。私のように一本も吸ったことのない者がとやかくいうのもおこがましいのですが、禁煙というのはそれなりに難しいことのようです。それを決断して実行するのは森口さんにとっては大きな経験となったと想像されます。

その森口さんですが、その後は適当にアルコールを飲んでいるようで、量は多くないものの毎日欠かしませんでした。五十代前半となってもそれは変わらず、平日会社を終わってだれかとどこかで飲む習慣は変えていませんでした。

ある時、私は森口さんと出張して一緒に食事をしました。食後にかれはカバンから薬の袋を取り出したのです。栄養剤や血圧の薬やら何種類もの薬を飲んでいるのを目撃しました。そんなに薬を飲む必要があるのなら、アルコールはやめればいいのにと私は思ったのです。どんなストレスがあるのか知りませんが、早く家に帰って、ゆっくりすればいいのに、毎日毎晩酒を飲まないとやっていけないでしょう。というよりも、家に帰って女房と一緒に夕食を過ごすのもできないようだとの社内では噂がありました。

当たり前のことですが、普通の人間というか会社員は健康でなければ昇進できません。森口さんのように平均的な身体の健康度の人は、酒かたばこかどちらかをやめればいいのかも知れません。そうすれば、身体という面からはかれのように標準的な昇進の仕方で、六十歳の定年をむかえられる確率が高そうです。

では、たばこではなく酒をやめた場合はどうでしょうか。多少は社内の付き合いが減るかも知れませんが、仕事上の問題はないと思うのです。ただし、たばこは少量でも身体の健康に非常によろしくないはずですから、五十代になれば生活習慣病などにおおいに気をつけなければならなくなります。それでいて会社でのストレスの解消の効果はいかほどのものでしょうか。

ここで一つ注釈を入れますが、酒をやめるというのは酒の量がゼロというのではなく、ビール換算で、一日に小缶（三五〇ミリリットル）以内であればＯＫと定義づけます。たまに社内外でのパーティーとか付き合いで酒をたしなむ程度の量は許容範囲内とします。たばこはゼロ本が許容範囲です。

何をいいたいのでしょうかと思われるでしょうが、要するに健康が第一だということです。ただしこの場合の健康は身体と精神の両面と考えてください。

まずたばこです。精神安定剤としての意味があるとすれば、一瞬だけでも意味があるかも知れませんが、たばこを吸って一瞬だけストレスを解消しても、また時間が経てばたばこをほしくなる訳です。通常の薬であれば、薬を飲めば飲むほど身体が健康なほうに近づいていきます。あるいは少なくともそれを期待しています。たばこは吸っていけばいくほど、ストレス解消のためその量が増えていきます。あるいは少なくはならないといえるのではないでしょうか。

そんなことは分かっているのだと反論されるのでしょうが、ポイントはそこなのです。「分かっている」のに実行しないのは、その意志が弱いからです。そのような意志の弱い人は昇進競争に勝てるのでしょうか。そんなことはないですよと反論する人も多いでしょう。

そうなんです。たばこを吸っていても会長や社長になっている人がたくさんいます。数十年前はそんな社長が多かったのでしょう。しかしですよ。会社員として上り詰めてその後に身体をつぶして、どれだけその人にとって意味があるのでしょうか。身体の健康を害して、いや寿命を縮めてまで昇進・出世することの意味がどれほどあるのかといいたいのです。

酒も同じです。アルコールも一日にビール換算で三五〇ミリリットル（小缶）程度であれば、飲まないのとほぼ同程度の健康を維持できるとのデータも多いようです。その程度の量であれば飲んでも飲まなくてもいいのでしょう。会社員の身体の健康を維持するために自分自身を制御できるかどうかが、その人の精神面での強さを計る重要な基準と考えられます。

本稿のタイトルは「昇進したければ…」としていますが、どこかおかしいと思われる人も多いでしょう。今まで述べてきたことからして、酒もたばこもやめなくても昇進している人も多いのではないかと、疑問を投げかけられそうです。

回りくどい言い方ですが、たとえ昇進したとしても、健康でいられなければその後の仕事もうまくいかないでしょうし、会社を退職してからも自分自身で面白くないと思うはずです。酒とたばこをやめた状態で昇進すれば、仕事もできるし、退職後もより楽しい人生が待っているではありませんか。

先に述べた森口さんですが、その後のアルコールの度合いはどうでしょうか。自分で制御できていれば特に健康面での被害は出ていないと信じています。毎日適量の酒を飲んで、たまにはゴルフもして、会社のＯＢのみなさんと楽しく過ごす時間もつくれているのではないでしょうか。もし、アルコールの摂取量が多いとすれば、医者通い、病院通いとなっているかも知れません。

最後に話を一つ付け加えます。ある人の五十歳の頃の話です。ヘビースモーカーです。酒も毎晩それなりの量を飲みます。若い頃には近しい人に「支店長になったら死んでもいい」とまで言ったモーレツ社員でした。支店長には同期で一番早くなったのですが、執行役員にはなれませんでした。

私はその人に、

「十年先にたばこを吸っていたら、たばこをやめておけばよかったというと思いますよ。もし十年先にたばこをやめていたら、たばこをやめておいてよかったというと思いますよ」

と言ったことがあります。

その人は五十四歳で肺ガンで亡くなりました。亡くなる一年ほど前にガンの診断を受けました。もう手遅れのステージでした。たばこだけがガンの原因とは思えませんが、たばこがその最大の原因であることを否定する根拠も見当たりません。

25・お金にまつわる不祥事

長年会社生活を送っていますと、大なり小なりいろいろな社内不祥事と呼ばれるものを見聞きすることになります。私が勤めていた会社は連結（二〇一七年三月末）ベースで三万人以上の従業員がいますので、いろんな人がいて当然です。その私の経験も踏まえて、一般論ということになってしまうのですが、不祥事を大体は次の三つに分類しています。

ａ・経営者の戦略や決算上の経営判断に関わるもの
ｂ・管理者・従業員の不正な販売や会計操作など
ｃ・管理者・従業員の金銭着服など個人の直接の金銭的不正

ここで取りあげるのはｂとｃです。ａは不祥事ではありますが、個人のお金や経済的利益に直接的に関係することが明確でないことが多いからです。

こんな例があげられます。営業部で担当者がいわゆる「飛ばし」販売とか「宇宙遊泳」販売といわれる事案が発生したのです。架空販売で売上や利益を水増しするものです。売上数億円とすれば利益も数千万円あるいは億円。これを行った人は単なるミスでやったのではなく確信犯といえます。

そもそもある事業部で新規素材の販売を始めたのですが、数年経ってもうまくいかず、営業部長ではないだろうが、課長クラス（複数？）がこの架空販売に手を染めてしまいました。数年後に発覚するまで雪だるま式に金額が大きくなっていきました。

首謀者と思しきある営業課長は退社に追い込まれました。営業部長は海外事務所に体よく左遷です。営業のその他複数の担当者も人事上の罰点がつけられました。部長の上の事業部長は役員でしたが、その後の出世は怪しくなりました。

社内では「査問委員会」が設けられました。営業課長ほか営業の担当者が本件に関する社内の査問委員会に臨もうとした時、あるところから圧力がかかりました。「どんな質問が出てくるか分からないが、いいか！上司からの売上や利益追求に耐えられなくなったので架空販売をやってしまった、とだけは絶対にいわないように！」

と念押しされた上で委員会に出さされたという噂が、この事業の事業責任の一端を担う人たちに、その時以降まことしやかに受け継がれました。

次の例として、ある商事会社のことを述べたいと思います。途中入社してきた意気のいい営業マン辰巳（仮名）さんです。中堅の繊維商社からの転職ですが、数年で課長となり、すぐに次長になり、営業部長も近いと思われていたのはその四十代半ばの頃でした。中国の繊維縫製会社との結びつきを強めることで、自分の担当している部・課の売上・利益を伸ばしていました。中国の会社の出張者を自宅に呼んだりして、営業成績を上げるために接待はじめ少々のことは構わずやっていました。

そんな折りの突然の退社でした。交際費の不正支出と不正請求です。やったことは簡単です。自分の取引先の社長から見本費の名目で辰巳さんの営業部に請求し、相手先に支払う形にさせて、その金額を辰巳さんに渡させていたのです。辰巳さんはそれを自分の交際費に充てていました。

「交際費が足らなくなって、つい不正な方法で捻出してしまった」

ということでした。社長から最初にとがめられた時にやめればよかったのですが、もう一度発覚してしまいました。二度目となった時点で「退職願を書け！」と言われました。辰巳さんにとっては途中入社であっても良い商事会社に勤めることは、もったいない話とまではいえなくとも、決して悪い話ではありません。そのまま会社にいれば、完璧ではないまでも、ある程度将来の経済的な保証が得られていたはずでした。それでも噂では、当の本人はその商事会社を退社した後、何か月か経ってすぐに上場の繊維会社に勤めだしたということでした。辰巳さんもしっかりした人ではありました。

そのほか、相変わらず個人的なお金の着服です。わが社でこのようなことがあるのかどうか分かりませんが、一般的な例としては、ある経理担当の社員が長年にわたり千万円の単位で銀行処理をごまかして個人的に着服して、自宅建設に充てた。よくある話です。

さて、この種の不祥事の防止策はあるのでしょうか。経営者や管理者であればこれにどう対応すべきなのでしょうか。私が経営者なら、防止策はないと結論づけたくなるでしょう。不祥事は一定の確率で発生するはずです。これをゼロにするなどという目標は意味がないと思われます。ゼロに近づけるといっていろいろと防止策を打てば多少は減るでしょうが、目立った結果は得られないでしょう。

それよりも発生した時の対処の仕方を考える方がよほどコストパフォーマンスがいいと思われます。天災や自然災害と同じで、その発生自体を防ぐのは無理なのです。それよりも一定程度の発生はあるという前提で、発生後の対処策を考えることです。

理想論を唱えても仕方がないのです。大体において日本の経営者は建前にとらわれすぎです。金にまつわることに限らず、会社の不祥事は事案発生後の対応、特に初期対応が肝心といわれています。今時は危機管理対応などということばが先行していますが、要するに事後対策を速やかに行えるかどうかが重要です。

できもしない「不祥事をゼロに近づける」というお題目ではなく、より現実的な事後対応を検討することでしょう。その意味では、前述の例でいう交際費の不正請求・支出での社員の退職措置は適切でしょう。これにより組織として「当面は」緊張感が保たれるでしょう。反対に「宇宙遊泳」の例でいえば、査問委員会に出席する人に圧力をかけた人たちへの追及こそ、事後対応として必要ではなかったのでしょうか。

この種の不祥事は建前、たとえば「不祥事発生をゼロに近づける!」ではなく、事後対応を見直すことにより実質的な効果を期待するべきというのが私なりの結論です。

26. 会社の同期会

私の勤めていた会社では同期入社の人はある意味で特別な存在でした。強く印象に残っているのは、一九七七年四月の新入社員研修で九州の工場で五週間いた時に、地元支社の人事労務の管理職から、「同期はいいものです。大切にしなさい」と言われたことです。あれから四十年になりますが、その大切さ加減を実感しています。

同期入社（大学卒、大学院修士・博士卒）といっても五十二人でした。昭和でいうと五十二年だからという訳でもなく、ほんの偶然です。ただし、少数でした。第一次石油ショックの影響で、一九七六〜七八年の三年間では四月入社は各四十〜六十人であり、前後の二百名以上からは大きな開きがありました。この人数の少なさがその後に大きく影響しました。

そもそも同期会とか同窓会と呼ばれるものがしっかり機能する条件は二つだと考えています。一つは大義名分ないしは御旗です。だれが頭（ヘッド）になるかでもよいでしょう。もう一つは幹事・事務局です。突き詰めれば、有能な幹事がいて大義名分を明確にすることが同期会の活性化の原動力といえます。

ここで登場するのが水戸（仮名）さんです。入社から化学品樹脂部門の営業畑が長い人です。その後は本社の経営管理部門に移り、小規模ではありますが関係会社の社長・副社長を務めて、六十歳を超えて、商事部門の関係会社で部長職としてアドバイザーとなっていました。

かれは入社五年目にして同期会を企画しました。場所は会社の保養所があった三重県の伊勢志摩でした。その時の御旗は新入社員研修の指導員をした河合（仮名）さんでした。柔道選手で、年齢は修士卒と博士卒の間でした。この河合さんをグループの要にして一泊二日あるいは二泊三日で親睦を深めるのです。以降五年ないしは十年の間隔で集まりました。私が参加できたという意味では、その後は静岡県伊豆、栃木県鬼怒川、宮崎県延岡、岐阜県長良川が行き先でした。

若い頃は各人の昇進にほとんど差はありません。三十代も後半になると課長で差がつき、四十代になると部長・工場長で差がつきます。そこからの逆転はほぼありません。五十代で事業部長や取締役となります。

どの同期会でも在籍者の六割以上の参加者がありました。すでに退社した人の姿もあります。だれもが集まってひと言あいさつし、観光をし、ゴルフをし、カラオケでマイクをとる。たったそれだけのことですが、会社グループの一員であるとともに仲間であると感じるのです。

五十二人のうち会社を辞めたのは、家業を継ぐといったような人を除けば、本当に少数でした。いわゆる転職は入社二十五年時点でなお一〇～一五%ではなかったかと思われます。近年日本の一般的な企業では、入社三年で三割が会社を辞めるなどといわれますが、わが同期では思いもつかない数字です。

総勢五十二名から徐々に減らした数字の六割が参加するとして、みんなの顔と名前が一致するどころか、その人の出身大学から会社のどの部門にいてどの程度の役職かも分かる人がほとんどです。

「いい会社」なのだろうと思います。自分の社内での位置づけを知っても、経済的な意味ではどうということもないからです。定年まで勤めれば食っていく心配はないと考えています。役員になる人は経済的には一気にツーランクくらい上になります。うらやましさもゼロではありません。しかしただそれだけのことです。自分が食っていけるのであれば、他の人のことはそれでいいではないか。少なくとも私はそう思っているし、その意味で今でも「いい会社」に勤められたと思っているのです。

会社によっては同期会とか出身学校の集まりとかグループの集まりを禁止して

いるところもありました。私の取引相手のある大手商社もそうでした。「前田（仮名）さん、わが社ではグループとか閥というものを嫌っています。そういう集まりは最も厳しくとがめられるんです」と言われたのは一九八〇年代半ばの頃でした。わが社の「同期会」のことなど聞けば仰天されたかも知れません。

いろいろな会社や組織によって「同期会」に対する見方が変わってきてもいいのではないでしょうか。ただ、少なくとも私が勤めた会社の同期は、全国的な同期の集まり、つまり同期会ばかりでなく、同期全般のつながりを悪く思ったことはありません。タテ組織である企業すなわち会社組織の中にあって、果たして横断的なつながりはどのくらい存在するのでしょうか。本社管理部門、事業部なり、部や工場・研究所や関係会社といってもヨコの関係は斜めヨコも含めて小さなものです。会社のライン組織を有機的に補うものは限られているし、横断する範囲は小さいものだと思っています。

入社して五年目の三重県賢島に集まった時にはそれほどには思わなかったものが、二十年、三十年、四十年となるにつれて、その味わいが深みを帯びていきました。自分の労働力の対価を得て生きていくための会社勤めの中で、経済的利害関係なしに付き合えること自体が不思議ですらあります。同期会としての集まりはそれを育み成長させるためのものと感じるのです。これがないと日頃の同期仲間のつながりを維持していくことに対して多少の困難が生じるでしょう。

全員が七十歳を超えてもなお同期会があると思います。水戸さんと河合さんがその集まりの中心となることでしょう。この二人に感謝しなければならないと思っています。

27. 仕事と英語とは両立するか

仕事と英語という対比に違和感を覚える人も多いのでしょうが、敢えてこのテーマについて私の思うところを述べてみたいと思います。

私が勤めていたのは日本では大メーカーかも知れませんが、同業界では国際化がそれほど先んじた会社とはいえませんでした。大まかにいえば、繊維分野は輸出を軸にして比較的国際化が早く、次いで石油化学分野が徐々に国際化していきました。電子や薬品分野でも国際化は進んできていますが、住宅・建材などは今でも国内中心です。

このテーマ、すなわち仕事と英語とは両立するかどうかが、私の頭に中に入ったのは一九八〇年代の半ばでした。会社の先輩岩嶋（仮名）さんが、「前田（仮名）君、仕事のできるやつは語学ができない。逆に語学のできるやつは仕事ができない。例外は少ないが、俺はその例外だ」と言ったのです。当時は語学イコール英語でした。現在では中国語の位置づけが微妙ですが、ここでは語学は英語とします。

この先輩からの話はポイントをついていたと思います。社内で私の周りを見わたすと、ほとんど当たっていたのです。ただし、微妙な定義づけが必要でした。まず、仕事ができる人で英語ができる人が少ないということ。この「少ない」という意味において岩嶋さんのいうことは的を得ていました。極端に少ないとまではいえませんが、少ないというのが私の感覚です。それでは、英語のできる人はどうでしょうか。この英語のできる人で仕事のできる人は極端に少なかったのです。もちろん、仕事はできずに英語もできない人はたくさんいました。この場合は仕事も英語も中途半端なレベルの人という意味です。ということで、単純に考えれば、仕事ができて英語もできる人は大変少なかったのです。

私の勤めていた会社に入ってくる人も徐々に変わってきています。現代の日本人の若者そのものです。二〇一〇年代も半ばではこの状況はどうなっているのでしょうか。仕事ができない人の割合は増えています。日本人の「能力」そのものが平均的にレベルダウンしています。特に国際的に相対比較すれば明確になるのではないでしょうか。

それならば英語はどうでしょうか。あまりレベルは変わっていないと思います。確かに発音はよくなりました。英語での会話能力もアップしていると思われます。米英はじめ英語圏への留学経験者も以前よりは増しています。それでも平均的あるいは高学歴者をとったとしても、日本人の英語レベルが飛躍的にアップしたといえるのでしょうか。仕事はできないし、英語もそれほどできるとは思えない人が増えています。

それでは仕事と英語が両方ともできる人はどうかといえば、三十年前とほとんど変わらないのではないでしょうか。さらにいえば、どうしたら両立するのでしょうかという命題が出てくるかも知れません。しかし、私は敢えて主張したいのです。仕事で英語が必要になればそれなりの英語のレベルになるのです。英語が必要な仕事では英語のレベルをアップさせざるを得ない。それでもその人が「仕事のできる人」であるかどうかは分かりません。

例を示すと、日本における外資系の会社に勤める日本人です。入社時点での英語能力のレベルがどうであれ、職場環境に順応すればするほど英語能力は伸びていきます。特に英語力がその人の収入や昇進に死活的な影響を及ぼす環境下であれば、伸びる確率は高いのです。

これにやや近いのが、大企業の技術系の人であり、職場です。英語文献や資料を読みこなすことは当たり前な訳で、後は聞く話すという部分を意識的に補っていけば、トータルの英語力アップは一般の事務系の人に比べて容易な面があるのです。

会社での仕事そのもののレベルを上げることは難しいです。私が四十年近く働いたうえでの感想です。一方で英語はかなりの技術的すなわちテクニカルな部分も多く、環境という要素はあるものの努力次第で大きく伸びる余地があるのではないでしょうか。

逆説的ではありますが、私の結論めいたものでいえば、仕事のできる人が英語の必要な職場に配属されれば、仕事も英語もできる人になり得るのです。英語ができる人は英語が必要か必要でないかはともかくとして、英語ができるという理由でその職場で仕事ができる人になる確率はそれほど高くはないと思います。

28・スピーチの主題は一つにしぼる

二〇一〇年代も後半になった今、社会や企業はいわゆる国際化されたものになってきています。一口に国際化といわれますが、具体的にはどういうことなのかと問われると、案外に答えるのが難しいのです。たとえば、国際化の中でビジネスリーダーが持ち合わせるべきものとはどのようなものでしょうか、というような問いを出せば、もっと答えやすくなります。たとえば、国際企業のリーダーとしてのスピーチはその中の能力として重要だと考えています。

「スピーチ」とくくってしまったのですが、要するに話であり、説明です。米国大統領が典型的な例かも知れないのですが、政治やビジネスに限らず、いわゆるリーダーのスピーチはそれぞれの分野で影響力が大きいものです。会社の社長が発するスピーチもそれであり、日本でも話が下手な人は社長になりにくくなっているといわれています。

およそ四十年の私の会社員としての経験と社会人や学生時代を含む今までのことを踏まえて、スピーチをうまくするためのポイントとして敢えて取り上げれば、それは主題を一つにして、かつその一つの主題をしぼりこむことに尽きると思っています。

世の中にはスピーチとか演説とかあいさつとかをテーマにした書物もたくさんあります。どうしたら話がうまくなるのかと述べている人もいます。私はそれをどうのこうのというのではありません。私自身の経験したものから得られたものとして、結論づけたいと思っています。

私の新入社員研修の座学の時間で、会社のある役員の話に関連したことを覚えています。私の記憶では、何人かの役員のうち特に話の面白くない人の時には新入社員五十数名のうち半分は寝ていたようです。私も強烈な睡魔に襲われました。その座学で司会をしていた三十歳前後の研修指導員が、その役員の話が終わった後で、

「みんなもう少し話をまじめに聞いてくれないか！よーく寝ていたな」

のことばの後、

「取締役といっても、話がうまいからえらくなったんではないからね！」

と言いました。四十年以上経ってもこのことばを忘れないでいます。

私は人の話を聞いていて寝てしまうことが時どきあります。話している方には申し訳ないのですが、話がつまらないとこらえることができないのです。特に昼食後一～二時間経過した後が危ないです。

「話の最中に寝る人が出てくるのは、話し手の問題だ」

と開き直りたくなるのですが、私にも責任の何割かあるとは自覚しています。

眠たくなる話は、だらだらといろんなことを、自分ペースでぼそぼそとしゃべるというのが多いパターンです。私も心当たりがあります。面白くない話をなぜしてしまったのかと反省することも数えきれません。本当にスピーチは難しいのでしょう。

会社では役員や部長・工場長などになると、仕事直結の話や説明とは別に講演とかスピーチのような機会も増えてきます。リーダーとかその予備軍といった人はこのような機会を充分に活かしていく必要があります。なぜ？といわれるかも知れませんが、ここが案外分かっていないところでしょう。リーダーたるものは人を引き付けるものがなければなりません。この人のためなら頑張れるということですね。仕事の中でも人を引き付ける人もいますが、日常的な仕事の中でそれを磨き実践することは難しいと思われます。

スピーチというのはリーダーがその真価を発揮できるチャンスなのです。さらにいえば、リーダーがスピーチによってその人の人間的魅力を表現できるのです。現代はそういう時代なのです。日本のビジネス社会でも一九七〇年代までのリーダーであればそれほどの必要もなかったのですが、今の時代ではそうもいきません。

そのスピーチで何が重要なのか。テーマをしぼりこむことです。私が今までに何回スピーチを聞いたか分かりませんが、印象に残っているのはほぼ例外なしに主題が明確です。二つ以上ある主題は結局はあいまいなスピーチであり人の心に残りません。もちろん主題が明確であってもうまくないスピーチもあります。しぼりこみは必要条件であっても十分条件ではありません。

ある役員が自分の能力を集中してスピーチをするのです。スピーチの技術のうまさ加減がありますが、いかにスピーチの上手な人でも、もしテーマを分散させれば、その技量に比較してはるかに出来の悪いものになるでしょう。その役員がテーマをしぼりこんで自分のスピーチの技術を百パーセント発揮すれば、少なくともその役員の納得のいくスピーチとなるでしょう。

私がこれまでの人生で「スピーチ」といわれるものを聞き、少ないながらも自分もしたという経験上のことからですが、これはほぼ例外のないものであることです。なんという理論でも理屈でもないのですが、まさに経験のなせる業だと確信しています。

29・左遷された時

会社員として定年あるいは定年近くまで勤めると、いい時もあれば悪い時もあります。いい時は特に何をするということもないのであって、流れのままに行けばいいのですが、問題は悪い時です。最近ではあまり使わなくなったことばかも知れませんが、要するに「左遷された」時です。あるいは「干された」時といってもよさそうです。

会社員にはそれぞれにとって不遇な時があるはずです。中にはそんな経験をせずに会長・社長に上り詰めた人もいるかも知れませんが、そんな例外的な人についてては縁のない話となりそうです。それはさておいて、一つの例として私が干された時のことを述べてみます。そして、どうなったかということも述べたい。

私が干されたといっても単に上司や所属長と合わないという事からではありません。自分の上司が課長でも部長でも、事業部長でも悪い評価をつけられたり、左遷させられたり、適切な仕事を任せられなかったりすることはあります。会社員であればそれは仕方ないことかも知れません。退職するまで何回かは経験したし、一般的にみられることでもあると考えています。その上司から叱責され、いじめられることも当たり前のことなのでしょう。ただ、正当な理由なく組織ぐるみで私自身が圧力をかけられ、いじめられるとなると私はやりきれなくなってしまうのです。

私が持株会社すなわち本体会社から関係子会社に出向した時に、そういう思い出したくもありませんが忘れることのできない経験をしました。これから述べることは、事実にもとづいているつもりではありますが、私個人の主張ということで理解していただいても全く構いません(反論する人もいるでしょうから)。

その出向している関係会社のある社員が行っていた不適切な業務実態を私が発見したので、しかるべき上司とか(関係会社の)社長に報告しました。特にその社長に報告したことが決定的でした。私および私と仲がよい(とされている)先輩出向者の鎌倉(仮名)さんと中(仮名)さんを合わせて「余計なことをする三名」としてその会社における「犯罪者的」な扱いを受けることになったのです。

五十代半ばの先輩二人は本体では部長処遇であり、私は副部長処遇といってよい地位でした。その鎌倉さんは翌年に完全なる「左遷」となったのです。部長待遇でありながら、ほとんど聞いたこともないような東京のある「協会」組織に異動となりました。ただし、六十歳（当時の一般退職年齢）までの給与は保証されています。もう一人の先輩である中さんは不遇な扱いを受け、数年して五十八歳で退職しました。

私については、その子会社の社長以下の幹部連中が私を追放しようとしても、さすが強烈な左遷人事は難しかったのだろうと思われます。なぜなら、親会社の人事担当に対して、さしたる問題もない私を強引に左遷させる理由は説明がつかなかっただろうと推測できるからです。そんなことがあり、関係会社の内部でいじめるということにしたのでしょう。ただ、いじめにあっても私は会社を辞める訳にはいかないのでした。家族を食わしていく義務もあれば責任もあったからです。

その年の春に新入社員が私の部下として入ってきました。初日に上司である取締役楢山（仮名）さんは「用事ができた」と言って、夜の歓迎会を欠席しました。数日して東京からある営業部長が来た時に夕食に誘うと、会社が入っているビルを出ればすぐそばにある北新地ではなく、そこから外れた店を指定してきました。どうも会社の近くでは具合が悪いようでした。私はこの時になってようやくこれはおかしいと感じました。翌週に今度は後輩の営業部長が来た時に夕食に誘い、かれにことの真相を吐き出させることができました。いわく、

「前田（仮名）さんと一緒に飲んでいることが分かると困るんです」

とのこと。さすがに怒りがこみ上げてきました。

「村八分ではないか！今でもこんなことがあるのか。仮にも上場企業どころか日本じゃ大メーカーの有名会社ではないか」

子会社とはいえ本体でも部長といえる連中が、自分たちの恥ずかしい部分を隠すために、まともな会社仲間を村八分にしていじめるとは、開いた口がふさがりませんでした。そして私は完全な左遷となりました。担当を替えられ、自分の仕事がないといってよい状態になりました。

不適切業務の実行社員は、取引先のある中国に長期出張となっていました。当の本人が大阪の事務所にいると、会社として混乱が生じる可能性が大きいとして、社長の了解を得て担当幹部が半年におよぶ出張をさせたと社内では思われていました。

おそらくこの人も不適切業務をしているのではないかと私が思ったその人、森田（仮名）さんは、私には三か月間も口もききませんでした。その間私がどうしても書類を見せなければならない時にも、かれ自身は席に座ったまま、私を下からにらみつけただけでした。私も嫌われたものです。ただ、そのにらみつけるのを見て、私は確信したのです。この人は悪いことをしていたのだろうという確信です。恥じる行為をしていなければ、親の敵のように私をにらみつける必要など全くないからです。

こんな毎日が続けばどうなるのでしょうか。本来は友軍の先輩鎌倉さんと中さんおよび樽山さんもすでに述べた通りの状況でした。出向者でなく子会社直接雇用（子会社プロパーの社員）で私たちに同情を寄せている人もいましたが、力不足でした。別に徒党を組んで子会社幹部に叛乱を起こすつもりだった訳ではなく、良くないことが起こっているのであれば、直していくべきと述べただけでした。ただそれだけであって、その人を叱責し、その役職を奪おうと意図するものではありませんでした。

しかし、自分に何か恥ずべきことをもっている者はそうは受け取らないということが分かったのです。そんなことも予想できなかったことは私の能力のなさでしょう。私がバカだったというしかありません。ただし、ひと言弁解するなら、森田さん（あるいは他にもいるかも知れませんが）がそんなことはしていないであろうという、希望的思い込みも当初は持っていたことも事実でした。

ようやく、自宅に帰るのが早くなってきました。何せ仕事がなくなってきているのです。定時まで会社にいるのがつらくなってきます。

私はやけ酒は飲まない主義です。酒は楽しく飲むものと決めていたし、それを実践してきました。酒の量は増えませんでしたが、愚痴をこぼす回数は増えました。会社ではなく、自宅においてでした。何週間か何か月間か続きました。関係会社とはいえ百数十名の組織です。その幹部連からのいじめに対してどれだけむかっていけるのか。正直自信がなかったのです。

ある関係会社の社長上田（仮名）さんに助けを求めようと思ったこともありました。私が話せばすぐに決まる確率は高かったはずです。東京転勤ということは少し気になりましたが、それ以外は特に問題も見当たりませんでした。部長ポストでいけるはずだし、上田さんが私からの話を待っていたかも知れないのです。私もいざという場合は上田さんに頼もうと心の底では思っていました。それでも私は上田さんに切り出しませんでした。

そんな状態が続いて、家では私の妻も困っていたはずでした。まだ小学校の子どもをかかえて、子育て中で大変なのに、夫の愚痴まで聞いていられないとしても当然でした。そんなことにも頭が回らず、その日の晩も愚痴ってしまったのです。そして妻は私にむかって大きな声を出して怒りを露わにしました。

「あなた！仕事がないとかなんとかいってぶつぶつ不満ばかりいってるけれど、そんなに仕事がしたいんですか。仕事もしないで一人前の給料をもらって何が不満なんですか！いい加減にしてください！」

と一喝されてしまいました。私はぐうの音も出ませんでした。

その日から会社や仕事の愚痴は自宅ではいわないようにしました。すっきり気分で、会社や仕事のことを振り返ってみました。出向会社の幹部の人たちも私を飛ばすことはできないのです。もし私が飛ばされていたら、さすがに親会社の人事も不審に思うでしょう。私も上田さんに頼みこんでいたかも知れません。それに極論すれば、仕事で干されようが、給料は一人前にもらえるのであって、経済的な心配はいらないのです。

会社ももう少し考えればいいのにと私は思ったのです。一人前の給料を支払って、仕事をさせないのはどうかしています。当の関係会社では自分たち幹部の保身のために会社の労務費を無駄遣いしていることになります。

この時期に改めて思ったことは、日本の大企業に勤めている人は恵まれているということでした。仕事をしなくても給料がもらえるし、定年まで保証されています。いやな境遇に陥ったとしても、そのうち上司が替われば自分の処遇も変わるのです。

私はその出向先の幹部連の期待もむなしく、会社に居座りました。そのうちに少しは仕事も与えられてきました。決していいポストではありませんが、自分で考えれば何らかの仕事ができてくるものです。時間が余って仕方がないということはなくなりました。仕事に対する情熱の質に変化はありましたが、自分なりに一生懸命働いたつもりです。会社がもう少し自分を適材適所に配置すればいいのになどとは思ったのですが、所詮は意味のないことでした。

雇用関係や処遇の安定した大企業であれば、おそらくはクビになることはないし、左遷などといってもしれたものです。もちろん自分が悪いことをしていないという前提での話ですが、会社も上司も無茶な人事はできないのです。

当たり前のことなのですが、左遷されても腐らないことに尽きるのです。時間が経てばきっといいことも出てくるはずです。

「『仕事もせずに一人前の給料をもらっていることに何の不満があるのか』と自問

自答してみればいい」

というのが、左遷されて仕事で干された経験から導き出されたことばです。

30. 職場での悪口とオフレコ

私は会社で人の悪口をいうのがいやでした。別にいい格好をしているのではありません。

私が勤めていた会社も例外ではないのですが、夜の飲み会ばかりでなく、社内の打ち合わせや会議の中であっても、社員の悪口をいう人は数多くいました。いいことではありませんが、取り立てて変なことでもないと今でも思っています。

「飲み会は上司の悪口が肴」

ということになるのですが、上司に限らず社内の人たちの批判、要するに悪口をいうことが共通の話題ともいえます。

私は上司であれ、会社であれ、広く社会のことであれ、批判的精神をもって批評したり批判したりすることは悪いことではないと思っています。それでは批判・批評が悪口に位置づけられるのはどういう時でしょうか。端的にいって人に対する悪意のある話が、その人に伝わったり、直接間接にその人に影響を与える場合が悪口であると私は定義したいのです。

たとえば、スーパーのレジで処理するスピードが大変遅く、対応も的確でない店員に出くわしたとします。自宅に戻った時に、

「今日のスーパーのレジは最悪やった。キー打ちは遅いし、言葉遣いは悪い。身体が硬くて回らないから、商品の入っているかごを店員の前のほうに近づけてほしいといわれた！」

などと、ある夫が妻に言うとします。これは単なる愚痴であって悪口には入らないと思っています。その話をしてだれが困るというのでしょうか。本人はこれで気分がすっとして、妻も夫の話を聞き流せば、なんのことはありません。旦那が気分が良くなるのであればそれでいいではありませんか。スーパーのレジ担当者にこの話が伝わることもありません。

そこで職場の夜の飲み会です。たとえば、私が同じ事業部の柳井（仮名）さんのことをいろいろ言い放ったとします。

「柳井さんはいつも人の提案の批判ばかりして、建設的・具体的な対案を出したこ

とがない。柳井さんは仕事では上の人ばかり見ていて、上の人がいうことをそのまま部下に押しつける。柳井さんは人をほめることは皆無で人の悪いことばかり話す」

こんなことは平凡な話であり、日常茶飯事です。

しかし、仲間内といってもどこでどう話が漏れるかも知れません。これが柳井さんの耳に入れば、柳井さんは逆上するでしょう。

「あいつは人の悪口ばかりいいやがる。今度の会議ではこてんぱんに痛めつけてやる！」

柳井さんはそんな気分になりかねません。

私は会社の仕事時間内は当然として、夜の飲み会やゴルフその他会社の人と接するところに「オフレコ」はないと思っていましたし、アルコールが入った時は特に気をつけました。もちろん「ほぼ酩酊」した経験もありますが、

「お酒の席での話ですから」

と言ったことはないし、それで問題となったこともありませんでした。

一つ紛らわしいことを述べてみます。悪意ではないことを前提にして、たとえば柳井さんにとって厳しい批判となることを私が会社仲間と酒席で話したとしまし

ょう。その批判を柳井さんが何らかのルートで入手した時に、柳井さんが、「なるほど自分自身が改めるべきだ」と悟って会社できっちり仕事をやり直せば、それはそれでいいことです。これは「悪口」にはならないです。

ところが、同じ情報を入手しても、柳井さんがその批判に対して悟るどころか反発した場合はどうでしょうか。柳井さんは私のことを、「あいつは俺の悪口をいっている。ひどいやつだ」と、事業部内、社内で私に対する非難キャンペーンを起こすかも知れません。要するに一つのことをいろいろな面で捉えるどころか、正反対に捉えることになります。悪意があれば当然のことですが、たとえ悪意がなくても「悪口」となることがあるのです。

ことほど左様に社内でしゃべることについては注意が必要です。とはいえ、完璧を求めるのもどうかと考えるのです。いくら注意して話しても、相手がどう捉え、どう理解するかです。同じこと、一つの話であっても相手が正反対に理解することがあり得る訳です。その点はあきらめというものが肝心です。私はその点において、社内ではオフレコはないといつも緊張感を持って、自分の発言には責任を持っていました。

「前田（仮名）さんは硬い人ですね。もう少し胸襟を開いたらどうですか?」などと言われたこともありましたが、私は原則を曲げませんでした。

さらに付け加えるとすれば、私は自分自身では「口は硬い」と確信していました。社内で人から「ここだけの話だけれど…」と言われた場合は、本当に「ここだけの話」として他人にはしゃべらないようにしました。実は「他人にいいふらして欲しい」と思いながら「ここだけの話」と言うことが多いのですが、私は敢えて「ここだけの話」を忠実に守るようにしていたのです。他人にしゃべることとしゃべらないことのリスクを比較した場合、最悪の場合を想定すれば、「しゃべらない」を選択するのが賢明だったことが圧倒的に多かったのです。人の話をいいふらすのは楽しいのですが、楽しいことの後は厳しいことがやってきます。

社内のこと社員のことをしゃべりたい人もいるでしょう。どうしてもしゃべりたければ人をほめることです。それじゃ面白くないと思う人は、やっぱりしゃべらないことではないでしょうか。

31．人事考課の哲学

会社員にとって昇進・昇給は一番の関心事であると思います。「俺は仕事に生き甲斐を感じられるかどうかには関心があるが、出世するかどうかはその後の問題だ」などと公言する人も多いです。果たしてその真意は分かりませんが、私の会社員生活や世間一般のことから考えて、「昇進・出世」には興味がないなどという人はごく稀であると思います。公務員も同じです。昇進・出世といっても昇給や処遇に直結する訳で、経済的なことすなわちお金の問題ですから、昇進や出世を望まない人は本当にいるのだろうかとさえ思うのです。

その昇進者や給与を決定するのが人事考課です。それぞれの会社や組織には人を評価する仕組みがあります。日本だけではなく、世界中で行われています。古今東西で「人事考課」的なことは行われています。四十年近くにわたる私の会社員生活の中で、人事考課すなわち人の能力や業績をどう判定するのかという問いかけを何度もしました。退職した後、私自身の一応の結論を述べてみます。

この稿を書くことを強く意識したのは、ウィンストン・チャーチルの『第二次大戦回顧録』の一節を思い起こした時でした。その第四巻、第一編、第八章には、「私が経験した限りにおいては、軍司令官の評価というものは、その結果ではなく、どのように努力したかその内容によって判断されるべき、という信条にいつも従った」（筆者訳）と述べられています。

私は人の評価というものは結果（実績といってもよい）だけで計るべきではないと思っています。その人の努力が結果と直接結びつかないと主張したいのではありません。その人の努力そのものを結果として評価すべきだと考えているのです。努力の後に残る結果とは区別されるべき「結果」です。

例を示すのが適切でしょう。ここは野球から例をとってみたいと思います。

Aチームとその X 監督と B チームとその Y 監督が登場します。試合は八回裏となり、二対一で A チームがリードしています。2アウトになり、走者は二塁、三塁で A チームのエース投手がここまで投げています。そこで B チームの Y 監督は代打を指名し、好打者が打席に立っています。次も三番の強打者です。さてこの時に A チームの X 監督は投手を交代させるべきでしょうか。交代させるのであれば、どの投手でしょうか。

A チームの X 監督はこのエース投手を交代させて救援投手を出しました。そして二点タイムリーヒットを打たれて、そのまま二対三でAチームが負けたとします。この場合は翌日のスポーツ紙を、「X監督の投手交代の誤算」とか「X監督の采配ミス」などと賑わせることになります。あるいは、逆にエース投手が続投して打たれて、同じようにAチームが負ける時も同じように、X監督が批判されるでしょう。

さて監督はだれがどう評価するのでしょう。評価するのは球団のフロントでありジェネラルマネージャーあるいはオーナーです。監督を「人事評価する」人がいるのです。監督はどう評価されるべきでしょうか。「結果」を見れば、試合は負けたのであり、監督は少なくともこの試合では×とすべきかどうか。問題は「結果」をどう捉えるべきかということです。監督に与えられた権限の最大のものは選手を起用する権限と考えられます。監督が勝負そのものに責任を持っているのではありません。エース投手でも四番打者でも勝負の責任は負えないのです。

監督はあの試合の重要な場面に最適と思われる選手起用をしたかどうかが問われるのです。救援のZ1投手、Z2投手の内どちらが適切か、あるいはエース投手の続投かを、X監督は判断しなければなりません。その選手起用そのものが適切であったかどうかの評価が、X監督の「人事評価」に直結するのです。試合に勝ったか負けたかはX監督の評価対象に入らないと考えるべきです。X監督の人事評価をするのはたとえばジェネラルマネージャーです。監督は試合に勝ったか負けたかという「結果」で判断してはならないと思うのです。

チャーチルの著作でいう「結果」とは、英国軍のある戦いにおける勝敗と置きかえてもいいと思います。その戦いで勝っても負けても、軍司令官が優秀であるかどうかは、その戦いでいかなる戦略なり戦術をその司令官が指導したかであるとチャーチルは主張するのです。そして、首相はじめ軍を指揮する権限を与えられた者は、軍司令官の本質的な能力を判断する力が必要だと述べていると考えます。

翻って会社員の人事考課です。「結果」とは何でしょうか。営業に属する人であれば売上なり利益というのが指標になりやすいです。それも一つの結果ですが、果たしてその人個人の努力なり能力と直接結びつくのでしょうか。

大企業の経営者にしてもしかりです。会社業績の発表記者会見で、

「現下の不況という経済環境においてわが社の業績も低迷いたしまして…」

などはありふれた説明です。環境が悪いから業績が悪化する。それでは経営者としてのあなたはどんな責任を負っているのですかと問いたいのですが…。

要するに「表面的な結果」ではなく人事考課の対象となる人の「本質的な結果」

によって判断してほしいと経営者はいっているのでしょう。この点については同意してもいいようです。ただし、そういう経営者に限って、その部下や社員全般に対しては、売上や利益の表面的結果を強調し、それを人事評価の判断材料にしていることが多い。経営者の自己矛盾ともとれます。

会社において人事考課というか人を評価することは難しいことです。私が仕事した会社でいえば社員のランクがあります。大まかにいえば会長・社長など代表取締役から取締役、事業部長、部長・工場長、課長、課長代理・係長、平社員がいます。人事考課をする者は、個人の努力（能力を含めてもいい）と「結果」がどう結びついているのか、それを判断する能力を持っているべきであると思います。

表面的な結果も一つの指標ですが、個人の努力と能力をより正確に判断することとは、判断される者（被考課者）の納得性を得るものであり、組織のマネジメントにとって有益なものであります。会社員にとっての昇進・昇給はもっとも関心の高いものです。人事考課すなわち人事評価する能力は、経営者や管理者などいわばリーダーとなるべき人にとっての重要な素質であることを、改めて強調したいのです。

32・バランス型の技術者

同期入社の技術者倉田（仮名）さんとは五十代になってよく話すようになりました。倉田さんはある国立大学の応用化学科で大学院修士課程の修了者です。初任は岡山県の水島化学コンビナートにある工場で、その後は三重県鈴鹿市、滋賀県守山市、静岡県大仁町（現・伊豆の国市）の工場・研究所のほか大阪本社事務所にも勤務しました。

倉田さんは入社時にはすでに結婚していて、入社研修が終わって九州から初任配置のために国鉄（当時）で移動した時に、途中の北九州市の駅で奥さんが倉田さんに手を振って見送りする姿をわれわれ同期が目撃しています。同期の中にはほかにも既婚者がいましたが、学生結婚した社員ということでは、私にはその光景が四十年以上経った今でも目に焼きついています。年はほとんど変わらないはずでしたが、独身の私と比較すると随分大人だと感じていました。

その後はほぼ五年ごとにあった入社同期が集まる旅行会で時折話す程度でした。そんな倉田さんでしたが、五十歳頃から大阪本社事務所で事業部門の技術スタッフとなりました。自宅は守山市でしたので、関西では比較的少ない長時間通勤者となりました。わが会社グループは当時大阪本社事務所といっても東京本社の何分の一でしかなく、同期入社をかき集めても四～五名程度でした。その中で倉田さんは同期のまとめ役という感じでした。

工学系の倉田さんですが、一見は技術者という感じではありません。もちろん、営業マンという雰囲気でもありません。どんなことにもやさしく対応する人です。入社来いろいろな部門・工場で勤務してきており、商品素材としても化学品樹脂、プラスティックフィルム、薬品発酵関係、弾性ナイロン繊維などもあれば、営業部隊とのタイアップや支援も経験してきています。

私は倉田さんと仕事で直接的な交わりはありませんでしたが、同期の集まりを中心にして話していると技術系の人が持つ、ものごとの進め方についての論理立てや技術・研究の知識の後ろ盾を感じることが多々ありました。パソコンの使い方一つをとっても進め方に理論的なニュアンスを感じ取ることが多い人でした。

彼は長年しぼりこんだテーマの研究をするタイプではなく、いろいろな技術分野における社内コンサルタントといったタイプでした。いろいろな工場・研究所を回ることにより身につけたものです。いろんな機会で化学の技術分野に話が及ぶと、次から次へと原子記号や分子式が登場するような話でも、事務系の私でも分かる解説を施してくれました。

彼は五十代後半からは事業部門の中で営業部隊に対する技術アドバイス的な存在になりました。あまり直接の仕事には縁がないと思っていた私ですが、退職する一、二年前には資料としてお役所に提出する報告書作成について教えてもらいました。経産省に対する、二酸化炭素排出規制に関する年次資料でしたが、同期入社で話ができる技術者がいることのありがたさを、身にしみて感じたものです。

大阪の同期が集まる際には幹事役を引き受けてもらっていました。会社を退職してからは契約社員として技術アドバイザーを務め、六十五歳を過ぎても仕事していいます。知的にも体力的にもまだまだ若い。本人にとっても会社にとってもいいことだと思っています。

33. 男女共同参画

今さらといわれるかも知れないのですが、日本は男女間の格差の大きい社会だろうと思います。これはいわゆるＯＥＣＤ加盟国などの先進諸国の中で、という意味です。ここでの議論は特になることになってしまうのですが、日本のいわゆる大企業に勤めた、一般的な会社員の経験からの意見ということで進めたいと考えています。

会社としてのことに入る前に、男女格差のイメージをたどってみます。バブル華やかなりし一九九〇年の夏でした。出張で上京してその夜は東京在住のフランス人の会社社長と二人で会食しました。赤坂一丁目あたりで、まずまずのランクのフランス料理のレストランです。男性二人というのも味気ないのですが、こういうパターンが多かったのです。

料理が始まって周りのテーブルを見わたすと、若い日本人女性の客が目につきました。男性だけというのはわれわれぐらいで、客も日本人がほとんどです。バブルの時代とはいえ、外国人はまだまだ少ない時代でした。おいしく、話も弾んだのですが、その社長からこんなことばが出たのです。

「前田（仮名）さん、若い女性が多いですね。安くはないレストランに女性だけで来るなどというのはパリでは考えられません」

そう言われてはっとしました。パリ、要するにフランスでは男性が財布を握っているし、ましてや若い女性だけで高級レストランで食事するなどというのはほとんど考えられないことのようでした。

もう一つ不思議と思われるかも知れませんが、婦人参政権は日本もフランスも一九四五年に認められています。日本では一九四六年の総選挙で三十九名の女性代議士が誕生していますが、二〇一〇年代半ばを過ぎた今の女性代議士は四十五名です。定数が異なりますが、少なくとも衆議院では女性比率はほとんど変わらないですね。今も約一割といったところです。フランスの場合も二割半ば程度です。フランスも、EUのその他諸国とりわけ北欧と比べると見劣りする低さです。

日本で案外知られていないのは、フランスが男女格差の大きい社会であったということです。この「あった」ということが問題です。今二〇一〇年代の後半になって、大きく変わってきているか変わりつつあるということです。それに比較して日本は変わるスピードが遅いのです。

過去の例だけを示そうとしているのではありません。あるいは過去のことを述べようとしているのでもありません。今の日本のことです。私の勤めた会社（大企業グループといっていい）ですが、女性の管理者、経営者の比率はおそらくは日本の大会社の標準的な範疇に入るのでしょう。男女の機会均等をうたった法律が施行された一九八六年以降は徐々に女性の待遇改善が進んでいますが、それから三十年経過しても、私は会社の中で顕著な改善をみることはありませんでした。

一例としてですが、パナソニックでは二〇〇〇年前後に女性管理職の登用を積極的に進めました。同じ能力であれば、女性を積極的に部長や課長といった管理職に就けた時期もあったといわれていました。いわゆる「アファーマティブアクション」といいえなくもありません。このことばは「積極的に差別を是正する処置・政策」と考えられるのですが、パナソニックが明確にその哲学を実践したのかどうかは、私はよく分かりません。

当時友人のパナソニック勤務の人からこんな話を聞いたことがあります。たとえば、ある部次長格の管理職についた女性が、

「私が今度〇〇長になったんですが、やっていく自信がありません。何とかならないのでしょうか？」

という話が社内でよく噂になったとのことです。一方で男性社員の中には、

「男女平等の時代で、もっと頑張れということだ」

などと考える人も多くいたそうです。

ところがその後パナソニックも業績が悪くなり、会長や社長の責任が取り沙汰された時期がありました。経営者の引責辞任的なことがあった後は、この女性登用

の制度は凍結です。これが続いた後二〇一〇年代半ばをむかえて業績も安定した段階で、今度は女性登用の昇進制度の復活の兆しありです。

翻って私が勤めた会社とそのグループ会社です。いわゆる生え抜きの女性役員はいません。タレント学者だと私には見える女性社外取締役がいます。グループ親会社をはじめとして女性の経営者や管理職への登用は、日本の一般的な上場大企業の平均的な範疇に入ると思われますが、それ以上のものではありません。

男女の会社員あるいは経営者としてのポテンシャルにそれほど差があるのでしょうか。この原点に立ち返ればいいだけです。私が勤めた会社についてはいい会社だと思うことが多いのですが、この女性参画については疑問に思うのです。四十年近く働いた会社は全体的にいって日本の大会社の中でも水準を超えると思っていますが、この女性登用については平均的な気がしています。

会社でろくに昇進もしなかった者が何をいうのかとのそしりを覚悟のうえで述べます。私が経営陣の一人に入っていれば、女性登用と女性の待遇改善を大きな経営課題として取り組んだと思います。

一般論でも国際比較でも客観的なことはいえそうにないのですが、日本全体といってもいいし、ある会社を取りあげてもいいと思います。日本において女性進出は遅れているのです。今までに女性に課せられてしまっていたハンディキャップをなくすためには、逆のハンディキャップを与えなければなりません。アファーマティブアクションです。しばらくは男性が我慢することです。いわば過渡期ということになりますが、世界の潮流に逆らうと、大きなしっぺ返しをくらうのではないかと危惧するのです。

34・大相撲の立ち合いと「後の先」

私はものごとの本質をみるように意識してきました。会社での仕事においてもしかりでした。本質とは何ですかという問いには、ものごとにおける「最も重要な部分」と答えるのが私流です。

例を出すのがいいと思います。今回は大相撲からそれを取り上げたいと思います。大相撲の場合は、一般の人にとって「最も重要な部分」とは、いかにすれば面白く観られるかということだろうと考えています。

大相撲が好きです。私の小学校時代は栃若時代から柏鵬時代となります。小学校で漢字を覚えるのですが、相撲取りのしこ名から覚えた漢字がかなりありました。身体の小さい私でしたが、同学年で百五十人程度いた男子児童の中で、四年生ぐらいまでは一人を除いて、「相撲」ではほとんど負けることはありませんでした。その一人も、私に担任の先生を通じて挑戦状を出してくるくらいでした。かれは大相撲に進み、幕内の上位までいきました。

私は現在では時どきテレビをみる程度の「相撲ファン」になってしまったのですが、最近相撲に関する一つのテーマについて興味がわいてきました。これがあればもっと面白いだろうなと思います。いや、「もっと」ではなく、ものすごく面白くなると思うのです。

横綱の白鵬も優勝回数が三十回を超えた頃、「後の先」ということばがよく聞かれるようになってきました。相撲の極意は「立ち合い」にありといわれます。敢えて素人的に解釈すれば、相撲の命といわれる立ち合いで、相手に先に立たせて、自分は後に立ち上がることで、充分有利に相撲が取れるという考え方であり、実際の相撲の取り方の一つです。

素人の私が何をいっても始まらないといえばそれまでですが、一般論としてご容赦いただければと考えます。白鵬の「後の先」は堂々たる横綱相撲という意味で、下位者が先に立ち上がってきても、白鵬は堂々と受けて立って、それでも相手を負かすし、それぐらいの力があると説明をされているようです（真実のところは分かりません。白鵬が自身の立ち合いの「こつ」を百パーセント明かしているかは不明ですから）。

私は、本当の意味における「後の先」は、それが成り立つ前提条件があると考えています。それは両力士が仕切りで腰をおろして、両手をしっかり土俵について、にらみ合うことです。このにらみ合った状態が存在して、そこから両力士が立ち合う必要があるのです。にらみ合いがあれば、両者平等公平の条件がそろいます。どちらが早く立ち上がるかは問題ではありません。というよりも同時に立ち上がることは厳密な意味ではあり得ないのです。たとえ百分の一秒でもどちらかが早く立ち上がります。そしてその時に「後の先」があり得る訳です。

相手が早く立ち上がるということは、そこに隙が生じます。その隙を生かすことができるのが本当に強い力士です。相撲の神様といわれる双葉山がその代表例でしょう。不滅の六十九連勝は昭和十年代前半（一九三〇年代後半）の記録ですが、その頃の白黒フィルムの映像を何度も何度も観ました。これは推測ではありますがが、その頃までの立ち合いは、本当ににらみ合って、呼吸を整えて両者の呼吸が合えば立ち合います。合わなければまさに仕切り直して塩を取りに行きます。両者の呼吸が合うまで何度も立ち合いの仕切り直しをやる訳です。

現代の立ち合いはどうでしょうか。腰を割って両手をついて呼吸を取りあってなどというのは皆無です。腰を割って両手をつく力士はごく少数しかいませんが、片方の力士が両手をついたとしても、もう片方の力士は、相手に攻撃をかけるのです。すなわち相手にぶつかる動作をスタートさせた後、その一連のぶつかる運動のなかに瞬間的、十分の一秒未満、に自分の両手をついて相手におそいかかります。両力士ともに瞬間的に（形式的にといってもいい）手をついた連続運動としての立ち合いであることが極めて多いのです。この場合の立ち合いは両力士がぶつかり合って一見迫力があるように見えますが、早く立ったほうが有利ですし、体重が大きい方が有利です。単にぶつかり合いだけであれば、その結論となります。

時代的な経緯をいえば、私がテレビで見始めた頃は、現代と比較すれば相撲全体としてはまだ戦前の名残りがあったような印象があります。栃若時代ですね。それでもすでに立ち合いは手をついていなかった時代です。一九六〇年代後半の柏鵬時代以降は立ち合いがひどくなりました。今のように両力士が瞬間的にでも両手をつけるようになったのは、一九八〇年代後半から立ち合いの改善の動きが出てきてからのことでした。それでも紆余曲折がありながら、現時点では少しましになっただけです（瞬間にでも手をつく、という意味で）。

相撲を観戦するうえでの面白みも変わってきました。立ち合いがこうですから、立ち合いで相手に身体を変わられたり、はたかれたりすると倒れて手をつきやすくなります。立ち合いで腰を割って両手をついて、身体、特に腰の位置が下から斜めに上がってくる状態で相手の身体に当たればいいと考えます。それであれば、はたかれたりいなされても倒れてしまう確率はほとんどないでしょう。立ち合いの変化による瞬間的な呆気ない勝負が増えました。同時に体重の重い人が有利ですね。投げ技が減り、うっちゃりが減りました。

相撲における勝負（試合）のスタートをいわゆる本来の意味での「立ち合い」にしたことは、すばらしい発見発明だったといわれています。この立ち合いとは、両力士をどこかの位置に待機させて、よーいドンで走ってぶつかり合わせるスタートにはしなかったという意味です。また、たとえばスタートを土俵真ん中で両力士がっぷり四つからとすれば、身体の小さい力士は圧倒的に不利です。また、プロレスリングのように両者がコーナーから歩いてきて、柔らかく取っ組み合うことで試合スタートとすればどうなったでしょうか。

なぜ現在のような立ち合いになったのか、非常に興味があります。私は、大きな理由の一つにテレビ中継があると考えています。もともと一九二八年のラジオ中継から立ち会いの制限時間が設けられ、戦後ですがテレビ中継によりさらに短い制限時間（幕内は四分）を設けたからです。これはテレビ中継時間の終了時刻から逆算したものと思われます。

これによって仕切り直しする回数が極端に限定されます。呼吸が合わずに立ち合えなくても制限時間がきて、中途半端な仕切り直しで立ち合います。この積み重ねが、逆に力士のほとんどが制限時間いっぱいになってから立ち合うことになってしまったのです。制限時間四分であれば仕切り直しは三〜四回はできます。いっそのこと即制限時間いっぱいにして仕切り直しゼロにしてはどうか、という意見も出てくるのではないでしょうか。私はこれはあまり賛成できませんが。

いずれにしても、そもそもの意図する「立ち合い」は公平・平等のすばらしいものであり、この原点への回帰を期待します。腰をおろして両手をついてにらみ合って、呼吸を合わせて立ち合えば、相撲の内容がアップすると確信するのです。後の先が有効とすれば、相手に先に立ち上がらせるような立ち合いにおける神経作戦も必要ですね。いつ立ち合いが始まるか分からなければ、観客にとっても一回一回のしきりがスリリングに映りますし、実際に戦前の立ち合いはそれに近かったのでしょう。

立ち合いをよくするためには、どうすればよいのかいろいろな観点から突き詰めていただきたいですね。時々見られるように相撲協会幹部から部屋親方に対して部屋ごとに個別指導するだけでは無理なようです。たとえば、制限時間を短くするとか、長くするとか。

相撲の醍醐味といわれる立ち合いのさらなる改良に期待したいと思っています。

35・仕事の先延ばし屋

仕事に限らないのですが、ものごとを先延ばしする人、後回しにする人を英語でプロクラスティネーター（Procrastinator）といいます。何かの拍子にこのことばが出てきた時にはっとしました。自分に当てはまるのではないだろうかと心配になったからです。

考えてみれば、入社してから仕事の多くは書く作業でした。コンピューターでキーボードをたたくのもこれに含めるのですが、要するにレポート・報告書として自分の業務をまとめるのが、自分の仕事の大きな部分を占めていました。会社の仕事では社内の会議、相手先との打ち合わせ、電話の応対もあれば出張もあります。何にしても期日すなわち締め切りのないものはありません。仕事の課題を報告書の作成・提出を例にとって、その期日にどう対応するかが本稿のテーマです。

私は会社の仕事では期日ぎりぎりに提出となることも多かったのです。私の周りをみてもそのような人がたくさんいました。私自身の精神衛生上のことを考えてみれば、多少納期に余裕を持つことが望まれるのですが、実際には難しかったのです。難しい理由は何であるのか。私の仕事を振り返ってみて思うことは、仕事は自分一人ではできないことが多いということでした。組織でやるのであって決して一人芝居ではないことを、改めて考えさせられることになりました。

自分のスケジュールそのものもなかなか自分一人でつくれるものではありません。平社員はもとより課長や課長代理でも部長からの指示は絶対です。部長も事業部長には服従です。社外からも要望されることがあります。営業でなかったとしても当然です。「お客様は神様」などとはいいたくないのですが、相手先との関係も随分と自分のスケジュールに影響を及ぼすものです。

ここまでは致し方ないと考えるのですが、問題はここからです。たとえば、ある検討資料を事業部長にX月十五日までに提出しなければならないとします。これは営業部として部長が事業部長に出すことになるのですが、営業の課長が中心になって作成するパターンを想定しています。

営業課長は自分の部下を使って二週間かけて提出日である十五日の一週間前の七日に完了して、営業部長に出したとしましょう。営業課長は自信を持って作成したものであり、営業部長からは多少の修正指示があっても一日か二日あれば済むと予想していました。その予想をもとに八日から一週間（提出前日の十四日まで）の自分のスケジュールを立てていました。

あに図らんや営業部長はいろいろと修正を指示してきます。なんでこんな細かいことまでと思いながらも営業課長は頑張らざるを得ず、営業課長の一週間の予定は崩れていきます。営業部長はその修正を納得するどころか、さらにこれでもかと指示してきます。提出期限の前日十四日いっぱいまで、営業部長は見直しを要求してくるのです。営業課長はくたくたになりながらも課員にも手伝わせて、ようやく完了させました。そこで営業部長が退社した後、夜八時頃から手伝わせた課員とともに軽く一杯飲んで食事します。

翌朝九時に部長に資料一式を手渡しに行くと、

「前田（仮名）！あそこを修正しろ。あそこが変だということに気がつかなかったのか！」

となります（どうでもいいところを何をいってるんだ。第一、それに気がついたのなら昨日にいえ！）。営業課長は力を落としながらパソコンに向かい、資料を修正して再度見直し資料の印刷をします。

何のことはありません。提出期限の一週間前に作成しようが一日前に作成しようが、結果は同じことになってしまったのです。営業部長は提出期限ぎりぎりまで検討をしたいのです。それには営業課長がどんなスケジュールを持っていようと関係ないのです。いや、穿った見方をすれば、ぎりぎりまで営業課長をこき使ってやれと思っていたのかも知れません。現代風にいえば、いじめやパワハラといってもいいのではないでしょうか。

それならあらかじめ営業部長の意図を先取りして、提出期限の三日前にすればよいのではと考えることもできますが、それはそれでうまくいくものではありません。

「三日前に出されても困る。俺は今日は忙しいのだ。夕方から打ち合わせだ！」と怒鳴られます。夕方の打ち合わせが思いやられます。案の定、その夜から二日間にわたって大修正を指示されます。一日前の夜八時からの課員と一杯飲む時間もないのです。おかげで営業課長のポケットマネーが減らないのはいいことかも知れないのですが。

こういう事情から先延ばし屋が多く出てくるのではないかと思います。私の場合は入社当初から遅くもなく、早くもなくのタイプだったと思っています。普通を心がけてきました。ただし、前述の営業部長のような上司にあたった期間は、どうせぎりぎりまで徹底的に仕事をさせられるのであれば、後は提出のタイミングだけであると考えていました。必要以上に早く提出することだけは避けました。余計な仕事をさせられるだけというのが明々白々であったからです。

自分で業務計画が立てられればいいなあと思う時期がありました。それができるかできないかは、上司次第であることも確かでした。それなりの役職についてその上司や同僚から信頼されていれば、仕事のスケジュールは自分で決められます。

私が出向していた会社の取締役総務部長がいい例を示してくれました。

私も関係していた仕事で、国の役所との折衝の中で経験しました。

「X月X日までに報告書を提出されたし」

ということになりました。作成するのは私でも管理部長でもよかったのですが、総務部長が引き受けました。提出期限は約一か月後でしたが、その三人が中心となって検討打ち合わせをして、一週間で提出書の案ができるまでになりました。

その書類は会社を代表して役所に提出するものであり、社印が必要でした。社印をもらう前の最終案で趣旨は貫徹されていました。私は一つの小さな部分（一行にもならない）についてより適切な表現への修正を要望しただけでした。管理部長は修正要望ゼロです。皆やることが速く、社長の承認手続きもすんなり済んで、社印を押して三週間前に総務部長の手元に保管となりました。本事案は実質終了です。

役所には期限の二、三日前に郵送されました。

仕事を先延ばししたい人などいないだろうと思います。みんな余裕を持って仕事をしたいのです。もしいつも仕事がぎりぎりになるのであれば、そこにはそれなりに理由があるはずです。ストレスが溜まることになってしまうのですが、この期限というストレスについてはほとんどがこういう事情によるものだというのが、私の会社生活からの答えです。自分の周りや環境を見わたしてみれば、ああそうだと気づく確率は相当に高いはずだと考えています。

36・官庁の調査

私が勤務したのは民間企業であり、業種からいっても役所との関係がそれほど強くないと思われます。同じ民間会社であっても銀行や証券といった金融関係はもっと役所や監督官庁との関係が強いでしょう。ただ、あまり役所と関係がなさそうな会社（グループ）とはいっても、役所すなわち公務員と接する機会は出てくるものです。私の場合は税関でした。

私が出向先で干されていた時に、税関に関わる仕事を担当することになりました。貿易に関わる仕事はやっていたことから、関税の申告・納税に関わることになったのでしょう。単に関わるだけならまだよかったのですが、その後数年して税関からとっちめられることになったのは不運というよりありませんでした。私が出向していた会社の関税はＹ税関の管轄でした。

私が責任者で税関の調査担当者と対面することになったある年、業界でいう関税の「事後調査」の時でした。

関税は税金の一種です。輸入者は、税関に申告して輸入許可をもらって税金を納めてから輸入貨物を引き取ります。その時、この申告手続きを輸入の都度厳格にやれば、貨物の輸入輸送に時間がかかるなど不都合が生じることが多くなります（生鮮食料品などが典型例）。そこで、信頼度の高い輸入業者については、比較的簡単な輸入手続きで許可を与えることとし、事後に不正の有無を含めて関税が適正に納付されたか等について、税関が調査を行う制度が確立しています。これが「事後調査」です。日本政府の税収は近年では六十数兆円であることを考えると、関税の九千億円程度というのはそれなりの重みのある税金といえます。

さて、起こった「問題」は「不正」があったかなかったか、ということに尽きます。税関側は不正ではないかと追及してくるし、われわれ会社側はそうではないと主張します。この不正というのは故意で組織的かどうかがポイントでもあります。

私の勤務していた会社で実際に輸入手続き、特に輸入申告の書類作成に関わるのは、営業担当者およびかれらと一緒になって仕事をする物流担当者です。そして輸出入代行業者（乙仲と呼ばれる）が、輸入者である会社になりかわって税関に対して直接手続き・折衝を行います。会社は荷主となります。

その年の三月中旬の月曜から金曜までの一週間、Y税関から会社に対する関税の事後調査が実施されました。過去三年間の輸入貨物の課税標準が適正に申告されていたのかを、主に書類で調査されます。わが社の取引規模であれば、税関の調査部門の一チーム（課組織に相当し、五名程度プラス応援部隊）という調査陣容になります。

会社からは各営業課の課員をベースにして、その営業課とタイアップしている物流担当者とともに、税関に対する資料説明などの対応に当たります。それをコントロールするのが会社の総務・管理部です。

通例であれば一千万円未満の修正申告をして追加納税し、これで調査終了ということになります。この追加納税はごく普通のことであって、全く問題視されるものではありません。

ところが、その年は税関からにらまれてしまったのです。それも相当に厳しくでした。故意に組織的に申告書類を改ざんとか仮装して不正申告し、関税を不当に少なく支払ったと、Y税関から疑われてしまったのです。疑われるだけの根拠があったのかも知れませんが、会社には関税をごまかそうなどという考えは全くない訳であります。

事が税金とか関税とかという性質のものではありますが、ここでのテーマ・趣旨はわれわれ民間企業が役所・監督官庁の担当者と、どう対応するべきかの視点から、私の経験をもとにして述べようとするものです。

端的にいえば、「不正」をしているのではないかとの疑いです。法令に基づく手続きを経ずして、仮装・ごまかしの書類作成をして関税の還付を受けていたとの疑いを受けていたのです。この疑いに基づき行政処分を課されることになれば、わがX社として非常に厳しいし、不名誉なことです。親会社まで影響は及ぶのです。

当初の事後調査は予定通り一週間で終了しましたが、疑いを受けた個別の事案については追加で調査が行われることになりました。当該物流組織の担当者二十数名と営業二十名近くがこの追加調査に対応しなければならなくなりました。Y税関の担当チームもわが社の調査のみに集中する訳にはいかないので、担当チームの予定が空いている時期に当社に対する調査を行います。それ以降数か月はかかる見込み、と言い渡されていました。会社独自の予定は立てられません。それでも担当の管理部が総務部と一体となって対策チームを編成して、税関対応を行うことになりました。

まず税関からの疑いに対して会社としての「自社調査による申し開きの資料」を提出するように要請されました。こういう場合の官庁の力は強大です。何せ行政としての権限を持っているのです。その時点ではY税関には会社に対して信頼感はないと考えなければなりません。物流担当、管理担当のみなさんに休日にも出てきてもらいながら、資料作成の作業を行いました。

税関には指定された期限に会社としての調査結果を提出しました。関税の還付を受けた輸入案件ごとに、法令に基づく適正な手続きを行っていたことを、資料で証明しなさいという命題に対する会社の一次回答でした。これがさらに税関のご機嫌を損ねたようでした。説得力に欠ける資料との認識は若干あったのですが、時間をかけてもどうなるものでもないと判断して、当局に提出したのです。

案件のポイントは、日本から生地・原料を中国に輸出して、現地中国で加工して日本に製品・加工品として輸入する場合は、日本から輸出した生地・原料に係る部分については、輸入製品の関税額から差し引き・還付するという点であります。この時確かに会社が生地を中国に輸出したことおよび中国でその生地をどれだけ使用して加工したかが、客観的に示されなければなりません。そのことを書類・資料で証明しなければならないのです。この手続きに関して仮装・改ざんがあったのではないかとの疑いでした。

単純にいえば、たとえば中国の加工場の責任者のサイン（ハンコでもいい）を日本側の会社で預かって、会社で必要な時に中国の加工場で作成すべき書類を作成してサインを押す、ということが継続的、組織的に行われたのではないかとの疑いです。これをそうではありませんでしたと証明しなければならないのです。

会社からの一次回答の後、次に連絡を取った五月には人事異動があり、調査部門のチーム統括（課長）がエネルギッシュな女性から実直ストレート型の男性へと代わっていました。この交代によりわが社に対するイメージの好転を期待していましたが、どうもそんなことではなさそうでした。

「税金の還付を受けたいのであれば、なぜ法令に基づき適正な手続きをしないのですか？」

と問い詰められた時には、かなりの程度参ってしまいました。

これと並行しながら、私は一つのことを実行していました。税関から疑いをかけられた時から、本事案については遡って資料を作成したり、書類を書き換えたりしないように周りの人たちに念押ししました。私は会社の人たちを信じていましたし、故意に不正をはたらくようなことはあり得ないと判断していました。

税関からの疑いは税関としての職務上当然のことであるかも知れないので、疑いをかけられたこと自体に反論をすることはやめました。不正がないことを証明（疎明）すればいいだけのことと思っていたのです。この段階でしてはいけないことは、焦って書類の書き直しをしたり、あらたな書類を作成して、自分たちの証明をより有利にしようと試みることです。

私にいわせればこれが一番悪いことです。資料は現状凍結で絶対に手を加えないことです。私の哲学のようなものですが、人間のやることに間違いやミスは一度はあるのです。ミスは仕方がありません。しかし、そのミスを重ねないことが重要です。本件の場合、もし資料の追加作成や書き直しをして、そのことが税関に分かればどんなことになるか。「疑い」を認めることにもなりかねないのです。

六月、七月と税関による調査が個別詳細に行われました。Y税関にも直接説明に行ったことがありました。梅雨の時期に傘を持って、威厳のある外観から中の事務室に入った時、いくら風格のある建物でも、これ一度きりの訪問で終わりたいと思ったものです。同席のわが社総務部長、管理部長も同じ思いだったでしょう。文句なしの説明ができればよかったのでしょうが、それもままならず、梅雨空と同じく先の見通しがきかない状況で会社に戻ったのです。

そんな時期に、Y税関の担当者四名がわが社に三日間くらい連続で来社しました。社外関係者の専用フロアの広い会議室に、税関職員が陣取る形になったこともありました。当然ですが、税関からわが社の担当者への個別ヒアリングが行われることもありました。ヒアリングが行われているテーブルのすぐ横にいて、私はメモをとりました。予想されたことでしたが、組織的に仮装や改ざんが行われていなかったかどうかが、税関の調べたいところでした。わが社の営業担当も物流担当もそんな意志はありませんし、その能力の持ち主でもありません。

ちょうどその頃からですが、税関の各担当者の行動様式が少しずつ分かってきましたし、個性のようなものが浮かび上がってきました。ある男性担当者は私がミスに近い形である書類を提示した時、「しめた！」というような様子が伺えました。私はしまったと思いましたが、致命的ではないと思って何も追加的な発言や行為をしなかったのです。かれは少し得点を稼いだと思いますが、わが社にとって大きく不利になるほどのものではありませんでした。いざという時には、長くなっても自分できっちり説明できるという確信もありました。

またある時は統括官みずから物流担当者にヒアリングしたこともありました。ヒアリングを受けたわが社の担当者は、上司ないしは営業担当者の指示、しかも継続的な指示がなかったことを正直に伝えました。私はこの時のヒアリングに際しても、ヒアリングを受ける人に対して一つ念押しをしていました。営業にも物流の担当にも税関担当者からの質問に対しては、

「うそをつかないように！」ということでした。

「事実そのままをしゃべってください」

と言って、税関担当者からの調査に対応してもらいました。

世の中、時間がいろいろと解決してくれるものです。時間そのものが解決する訳ではないのですが、私たちがやってきたことの成果が現れてくるのに時間がかかるのでしょう。税関からの結論のようなものが提示されたのが九月上旬でした。これに対応する形で、会社として九月末までに最後の要望書（処分なし、あるいは軽い処分へ）の提出を求められました。

ほぼ半年を費やした仕事の締めくくりでした。調査終了となった会議だったと思うのですが、ある女性担当官から私に対して、

「前田（仮称）さんのおっしゃることですし、その点は充分信頼しています」

と言われた時には、思わず胸に迫るものがありました。その時統括官の目を見たのですが、目は口ほどにものをいう訳です。了解しあったということです。これはそ

んなに悪くない処分にしてもらえるとの確証を持ったのです。

その頃には税関の担当官の人となりのようなものを私自身としてつくり上げていました。税関側も私の人物像はつくり上げていただろうと推測します。半年も緊張関係を持って仕事をすれば、組織としても人としてもお互いが分かってくるものです。私企業と私企業との関係ではなく、官庁と私企業という立場の違う者同士でも共通するところもあります。その共通することをベースにしながら、私企業の立場で官庁なり公務員と向き合うことだろうと思うのです。

翌年三月に税関から処分を伝えるために統括官ほかが来社しました。処分決定が年度末までずれ込んだとのことでしたが、行政処分がくだったのです。会社にとり決して名誉なことではありません。その処分により若干ではあるものの実質的にも会社の輸入手続きに時間がかかったり、煩雑さが増すことになります。

しかし、「疑い」の本質的な部分は晴らすことができた訳で、「軽い行政処分」といえます。私自身の感覚としても、官庁という組織および公務員という人と接してみて、一種のさわやかさを感じながら半年にわたる一連の仕事を終わることができたのです。

37．コンピューター

私が会社に入った一九七七年のオフィスの情景を思い出すことがあります。現代のオフィスとの比較においてですが、大きく変わったのですが、その代表格はオフィスにおける機械化でありコンピューター化だろうと思います。

入社した時に驚いたのはテレックスです。文字・数字が電送されて、ペーパーにプリントされてきます。国際電話の代わりに、筆談ではありませんがプリントでやり取りできるのです。今や化石のような存在ですが、新入社員の私にとっては海外との間でこんな通信手段があるのかと、驚嘆したのを覚えています。ペーパーに書いたものであるために、オフィスではこれが非常によく使われていました。国際電話もたまには利用しましたが、高価であることや、書類として残らず証拠資料とはなりにくいこともあって、国際電話は貿易関係者でもあまり使われていませんでした。

一九八〇年代半ばには、営業マンも一人ひとりがワープロを使用するようになりました。当然ながらタイピストはいらなくなり、オフィスでは手書きの報告書が激減しました。一九八〇年代半ば頃からファクシミリが登場して急激に普及してきました。今度はテレックスが消滅しました。OA（オフィス・オートメーション）化などといわれた時代でした。しばらくファクシミリ全盛と思われた時代が続きましたが、一九九五年に登場したマイクロソフトのウィンドウズ95が大革命でした。オフィスで働いていた者の実感としてはこのウィンドウズのインパクトが大きく、それ以降はこの延長線上で捉えていいのではないかとさえ思うのです。

入社してから輸出関係の営業を担当してきていたので、机に向かいペンをとり、あるいはキーボードに向かって資料としての書類をつくることが、仕事の多くを占めていました。社内外の関係者との打ち合わせも、その前後の資料作成が重要な仕事でした。海外出張しても顧客・関係者と打ち合わせ、書類を作成し、関係者に報告する流れは同じでした。一九九〇年代半ばまで海外出張の際はホテルから日本にファクシミリで連絡していました。

そんな時代を経て、無線電話という意味での携帯電話（自動車電話など含む）もビジネスに不可欠のものとなってきました。全国にあれだけ普及した公衆電話も、今や大都市部でも見つけ出すのに時間を要するありさまです。

そしてパソコンから瞬時にして多くの分野で多くの量の情報が入手できるようになりました。少し検索すれば、本の何冊、何十冊分の情報を簡単に入手することさえできることがあります。便利になったと同時に忙しくなりました。

私はいわゆるＯＡ化とかコンピューター化にはついていくだけでした。一九九〇年ごろまでは特に海外とのやり取りが多かったので、たとえば国内営業マンと比較すればＯＡ化の恩恵を受けやすい仕事と思っていました。そのようなこともあり、会社の仕事で必要であるから、それに応じたレベルにはなんとか達していたのではないかと思っていました。決して前を進んでいたことはありません。もし会社でパソコンを必要としなかったら、個人的に使用するといっても非常に限られた範囲のみであったはずです。

一九九〇年代半ばには、朝出勤すると海外の仕事、国内の仕事の区分けに関係なく、すぐにパソコンにむかって指を動かしだすのが事務所におけるルーティンとなっていました。ファクシミリはなくなってしまうことはなく、単独でもオフィスにおける機能を充分果たし続けるとともに、パソコンを一体的に補助する位置づけを維持したのです。

一九九〇年代には中国を中心とするアジアとの貿易が大きく比率を拡大し、欧米中心の「海外」からグローバルな新しい時代の国際化を経験するようになってきました。私には、パソコンと携帯電話を持って海外を闊歩するビジネスマンが格好良く見えました。

そういう時期に入った頃に私は欧州への輸出が仕事の中心となったのです。ドイツやイタリアなどヨーロッパへの出張が二か月に一度はあり、年間十週間は超えそうなことが数年続きました。

「私は国際ビジネスマンだ！」などと悦に入っていたその頃が懐かしく思えます。

パソコン、ファクシミリと携帯電話で国際線フライトというスタイルが確立されてどれほど経ったでしょうか。二〇一〇年代半ばを過ぎて、この先どんなスタイルが出てくるのでしょうか。一九八〇年に著されたアルビン・トフラーの『第三の波』ではありませんが、その著書に予言された多くの部分が、脱工業化の情報化社会に代表されるかも知れないと思います。

私はこの情報化社会の中でビジネスマンとしての多くの時期を過ごしたのではないかと思っています。パソコンに代表される手段をもってビジネス活動をしてきたと思っています。しかし、デジタル・ネイティブ（物心ついてからずっとデジタル機器に親しんでいる世代）のビジネス活動とは全く別のものだとつくづく思わされます。こうした一九八〇年ごろ以降に生まれた日本人とは考え方や行動様式が全く異なることを意識させられます。

パソコンにむかって資料をつくり、それをすぐさま海外に送信する。その回答が時を経ずに返信されてくる。パソコンは情報の宝庫であり、倉庫です。人間の頭脳の役割を果たしている存在です。そのパソコンの一部は活用しましたが、それ以上は活用できなかった世代の一員であると私は自覚しているところです。

企業における財務会計・管理会計も今やコンピューターのなせる業です。工場や研究所においてもコンピューターの重要性は、私が入社した一九七〇年代後半と比較のしようもないでしょう。当時二万人を超える上場メーカーである私が勤めていた会社でも、内部の決算資料などは手書きであり、決算資料担当者はそれを経営幹部に説明するのでした。

一九八〇年代前半からＯＡ（オフィス・オートメーション）と呼ばれる事務の自動化・合理化が急激に進行しました。それはコンピューターやファクシミリに代表されます。

わが社の先輩には二〇〇三年に六十三歳で退職するまで、パソコンを拒否した役員待遇の人もいたことを思い出します。普通の社員であれば無理であったはずですが、条件がそろえばそういう無茶なことも可能であったギリギリの時代であり、年代の人でした。

二〇一〇年代も後半に入っていますが、一つの視点でいえばAIということばに代表される時代のようです。このAIすなわち人口知能が仕事の中に入り込んできました。私の学生時代は電卓と呼ばれるものが使用され始めていました。電子（式）卓上計算機の略ですが、コンピューターの一種であり、身近なものになっていました。電子計算機がコンピューターになり、タイプライターがワープロになり、テレックスがファクシミリになり、パソコンがこれらを総合する機能を持つに至りました。

情報入手の機能、通信の質・量と速度、計算機能は著しく進歩しました。私などは会社の仕事で必要としなければ、このデジタル社会から大きく取り残されたはずでした。ビジネスの社会で必要とされる程度には、退職した二〇一〇年代半ばまでコンピューターについていけましたが、この先は分かりません。ただ、同年代の平均的なレベル以上には、しばらくは続くはずであるデジタル社会についていきたいと思っているのです。

38・労働時間短縮は休日増ではなく、平日の五時退社から

世間では働き方改革とかワーク・ライフ・バランスなどということばが日常的に語られるようになっています。日本もようやくそのような時代に入ったのかなども思うのですが、とはいえ日本人は働きすぎだから見直さなければ、と考えてはいけない、というのが私の見方です。

今や昔といわれるかも知れないのですが、一九七〇年代には「エコノミック・アニマル」と欧米から揶揄された時期もありました。欧米人との比較でいえば当時日本人は働き蜂でした。今二〇一〇年代半ばではどうかといえば、欧米との差は縮まりました。そんなに働いているとは思わないのです。

日本の休日は増えました。七月の海の日と八月の山の日などはなぜ制定したのか、理解しづらい部分もあります。まだ休日が増えるような可能性もあり、そんなことにならないように祈りたいのです。労働時間の問題は、優先順位としては休日・祝日を増やすのではなく、平日の残業をいかに減らすかでしょう。

たとえば、コンビニの二十四時間営業などはやめることであり、宅配便も急がせず余裕のある配達で納得することです。コンビニの営業時間を短くするところが

増えてきたのは歓迎すべきことだと思うのです。深夜まで店員を働かせるのは一体どういうことなのだろうかと、以前から思っていました。

これとは別の角度からですが、一時期百貨店が正月の元日とか二日から営業することが流行しました。これに合わせて他のサービス業（たとえばフィットネスクラブ）も元日から営業を始めました。その経営者は従業員のことをどう考えているのでしょうか。

最初に元日営業した百貨店の経営者はそれなりの哲学を持っていたのかも知れません。過去にとらわれない新しい顧客サービスと考えたのでしょうか。しかし、その正月営業に追随する経営者は、業界の流れに乗ろうとしただけではと憶測したくなります。もちろん売上・利益といった経営成績が一時的に向上するとの判断があったのでしょうが、数年もすれば百貨店の業界全体の正月営業の業績はあまり芳しいものではなくなるのです。逆に従業員の負担が増えるというマイナス面が目立ってくるのです。二〇一〇年代も後半になって、年始の営業を減らす傾向になってきたことは当然とも考えます。

経営者は数字としての短期の経営成績を向上させることに目がくらんで、従業員の働き方という観点をないがしろにしていないかを、自ら問い直してみるのもいいかも知れませんね。

私は経営的立場にいることがなかったのですが、仮に経営的立場の人から意見を求められれば、元日営業は反対したであろうと思います。その将来を予測してのことです。ただ、私は経営者からはよい評価は得られないでしょう。「あいつは積極性のないやつだ」とか「保守的なやつだから」とか言われて罰点を付けられるのが落ちでしょう。さらに数年後（あるいは五年後七年後？）に元日営業を止めざるを得なくなった後、その経営者が私と議論する場があれば、私はさらにもう一つ罰点を付け加えられるでしょう。「この憎らしいやつ」と思われるでしょうから。会社とはそういうものでしょう。出世・昇進はそう要素によっても大きく変わるものです。

経営者とかビジネスエリートと呼ばれる人は、そんな視点から従業員を捉えることも必要でしょう。あるいはコンビニで夜中も働かせることに、社会全体としてどれほどの意味があるかを考えてみるべきでしょう。

もう一つ例として考えたいのは、宅配便ほかの物流サービスのことです。スマホを使って発注してから、何時間以内あるは翌日何時までに商品が自宅に配達されることが、それほどよいことなのでしょうか。たとえば私が本を注文して翌日午前中に受け取る場合、その場合には配達する人が一冊の発注品のためにわが家まで来なければなりません。三日後でもいいからトータル物流コストがミニマイズできることを考えるというのが私の意見です。宅配便が主に配達員の人員および労務費の観点から値上げをしたのは当然のことです。貴重な労働力を無駄にはできないはずです。

私が勤めていた会社は本社（事務所）地区は一九七〇年代の半ばまでに週休二日制になりました。その時は労働時間の短縮というよりは土曜日の労働時間を平日の五日間に割り振るという考え方であって、平日の終了時刻を遅らせました。私が退職する時点でも公式には十八時が退社時間です。勤務に支障がない場合は十七時三十分でＯＫとなっています。これが十七時なり十七時十五分になっていけば、一般の社員のワーク・ライフのバランスも大きく変わるでしょう。私が勤めていたようなグループ従業員が数万人の大メーカーから、このように平日の勤務時間が変わる時代が早く来てほしいものです。

プレミアムフライデーもキャンペーン実施から数年になりますが、なかなか盛り上がりません。毎月の最終金曜日という多くの人が享受できない日を、お役所が選んだこともその失敗の一因でしょうが、もっと労働時間の短縮とかワーク・ライフ・バランスの、基本的な考え方を整理するところから初めてはどうかと思うのです。

企業の経営者は、会社の経営的な数値とか経営成績以外のことについても深く考えられる人、広く社会全体のことも考えられる人であってほしいのです。

39. 同期の専務執行役員

同期入社で専務執行役員になったのが杉本(仮名)さんです。本社の専務なので、出世した人といえます。繊維の子会社では社長でした。本社の繊維部門から転じて、広い意味でグループ会社である大企業の代表取締役副社長になっています。

ずばりバランスのとれた人です。東京育ちの好青年が、会社に入ってそのまま成長したのでしょう。初任配属が大阪本社であったので、初めは私のような大阪人の多い場所に慣れるのに苦労したかも知れませんが、自分のペースはすぐにつかんだのでしょう。東京本社地区のように同期の数は多くなく、わずか六名であったので、お互いある程度知り合うのに時間はかかりませんでした。

私は会社の人をよく集中型とバランス型に分類しました。私は人事部とは関係ありませんが、人事関係の人はこの分類を取る人が多いようです。その意味において、彼はバランス型の典型です。そしてレベルが一段高いのです。

もともとスマートな人間でした。ルックスもなかなかでしたが、インサイドワークが、です。会社の昇進は、少なくとも私たちの年代までは、課長から部長代理や部長・工場長といった、三十代半ばから四十代半ばというのが重要な時期です。この頃に会社における実績を残し、能力を身につけ、人脈を築けるかどうかが重要でした。その時期をたとえてみれば、四二・一九五キロメートルのマラソン競技のポイントといわれる三〇~三五キロメートルに相当するかも知れません。マラソンと同じく、いったん遅れをとると逆転はなかなか難しくなります。

彼は課長になる頃から、マネジメントを実践の中で学んだのでしょう。担当していた繊維原料の輸出をおおいに安定・拡大させて、利益増大という実績を残しました。人脈も拡げていきました。英語にも磨きをかけていきました。かれにとって幸いであったのは、その頃自分を高めるための前向きな時間に自分を集中させる環境にあったことです。

妻と二人の娘がいますが、自分が仕事に集中しても家庭とのバランスをとることができました。家庭における問題もありません。しいていえば夜の社内外の会食であり、食べ過ぎでおなかが出てこないかを心配しなければならないことでした。この頃からは週末のゴルフが増えてきますが、海外出張がかなりの頻度であり、適当にスケジュール調整ができたはずです。それにかれはタバコを吸いませんでした。当たり前といえますが、健康維持のためには必須だと思います。

部長になると、上下の人間関係とともに、特に斜め上すなわち本社の経営陣との人脈が重要になってきます。ここが役員になれるかどうかの分かれ道です。やっとの思いで部長や工場長になった人と違って、エリート部長はここからのスピードが速いですし、また早くなければ役員にはなれません。

要するに人事権を持っている人が杉本さんをどう見るかです。組織の中で、自分に昇進しようという強い意志がなければ昇進できません。そのために努力するのです。自分自身と会社の双方にとって決して悪いことではありません。この意志こそが会社を支え、発展させるものでもあると思うのです。

私はかれがどの程度昇進のために頑張ったかは知りません。というよりは私にはそれを知る必要もないのです。私は同じ会社にいる者として彼が役員になってどうであったかを知ればいいのだと思うのです。

私は杉本さんがわが社の専務執行役員として、今までの「専務」と比較してその平均以上のレベルにあると考えています。外に出ても恥ずかしくない役員です。そのことがほかの大企業の代表取締役になっても証明されると確信しています。

40・イタリア・ゴリツィア市　その2

S社もようやくわが社側の真意を捉えたのでしょう。イタリア側で全額出資の染色加工場および販売会社を設立することになりました。わが社にとってはありがたいことでした。欧州における家具用途(椅子張り)の商品展開ばかりではなく、カーシート分野への参入を考えれば、日本での加工ではなく、より自動車メーカーに近い欧州で染色ほかの車用製品への加工を行うのが効率的であるはずでした。

一九九六年にその染色工場・販売会社であるM社が設立され、その夏にゴリツィアでキックオフ・ミーティングが行われました。私はその時にある種の感慨を覚えました。一九九〇年七月に初めて現地を訪れて以来、六年をかけて大きな取り組みがスタートしたことになります。イタリア側のLT氏や同家の人々との、ビジネス上ではありますが親密な付き合いの上でこの取引が成り立っていたのです。日本側からはわが社の大阪から営業部長、私およびドイツ会社取締役の三名が打ち合わせに参加しました。

これと前後してT家の自宅と別荘を案内していただきました。自宅はその敷地がどのくらい広いのかよく把握できませんでしたが、その一角に体育館がありました。社長の長男が、当時まだ学生だったと思いますが、バスケットボールをやっていることもあり、息子の練習場のようなものとLT氏は説明しました。別荘はいわゆる貴族のシャトーでした。軽い立食パーティーでしたが、乾杯は隣接する同社グループ経営の二百万平方メートルのワイナリーからのワインであったことを覚えています。

商売でもいいし事業と呼んでもいいのですが、当時からすでに企業同士の取り組みは、お互いの信頼関係を前提にしたものであることを私自身は実感していました。イタリアの会社がオーナー企業であり、われわれは大企業といっても会社員の寄り集まりです。取引の基本方針の決定方法はおのずから異なってきます。T家の自宅と別荘にわが社のメンバーが招待された時に、両社の信頼関係が確立していることの証ではないかと感じたのです。

わが社がメーカーとして決定的な改良タイプの製品を出せたのが取引飛躍の要因であることは間違いなかったのですが、広幅の製品にすること自体はふとしたことから発想に至ったものであり、ラッキーと呼べるものでした。

それではわが社とS社ないしM社との関係はどうかといえば、これはラッキー・アンラッキーの問題ではありません。三年も五年もかけて築き上げたものです。その仲介をしたAB氏との付き合いも含まれていると思います。もちろんわが社とは基本的に利害が対立する相手ですから、取引相手に百パーセントはまり込む訳にはいかないのですが、自分自身で判断して限界と思われる部分までLT社長やAB氏に入り込んだのであり、入り込めたと思っています。

話は脇にそれるのですが、LT社長との個人あるいは人との付き合いという面では、彼がどういう人物であるかを、ことあるごとに知ろうとしました。LT社長はスポーツが大好きです。自身でも自宅の自転車台のペダルをこいでいました。台の下の周りはコンクリートでしたが、台のすぐ近くはコンクリートの色が茶色く暗い色になっていました。それは彼の汗がしたたり落ちた跡です。会社はツール・ド・イタリアのスポンサーでもありました。子息がやっているバスケットも好きです。当然ながらサッカーも大好きです。単に話題を合わせるという意味ではなく、その話から彼のご機嫌を伺いつつ、肝心な話をいつするべきかなどの感触を得ようとしたこともあります。

ＡＢ氏はどうか。社長を務めるコンサルタント会社は従業員は五、六名ですが、その中に六十歳前後と思しき女性がいました。間接的な情報ながら、その女性はサッカーでユベントス（トリノが本拠地）の女性（支部？）応援団の幹部とのことでした。ユベントスの試合があると応援に駆け付けるために、平日であっても当然のように会社を休む、といった具合で、スポーツことにサッカー関連の情報は重要なビジネストークの材料となりました。たとえば、ワールドカップの優勝国を答えられるようにすることです。その当時は一九九〇年代ですが、新しい時代のものに改訂すれば、二〇一八年に二十一回目となりますが、過去二十回の優勝国を順番にすべて答えられるようにするのです。過去四回優勝のイタリア人にそんな話をして悪い気がする訳がないでしょう。

あるいは、イタリアの歴史を少ししゃべってみることです。古代のローマ帝国の話がいいでしょう。二十世紀の歴史は生々しくてだめでしょう。私は仕事を離れれば、本当はそんな歴史の話に興味があるのですが…。さらに日本の社会とか歴史とかの話もしてみたかったです。

しかし、歴史の議論はあきらめていました。この一九九〇年代はイタリア人にとって日本はまだ未知の国に近かったと感じたからです。AB氏は大学で演劇を学んでいたという話ですが、見てくれもよく教養もありそうです。それでもビジネスを離れて、日本人で名前と業績が一致するのは「アキラ・クロサワ」だけだと言っていました。

その中でイタリアやヨーロッパの歴史を多少なりとも知っている日本人とその勤めている会社に、なんらかのいい印象を持ってもらうことが、取引を進めるうえで意義あることだと自分に言い聞かせていたのです。

さて、一九九七年にはM社の工場建設が始まり、設備の発注や技術者の採用など新しい体制に向かっての準備が加速していました。イタリアから経営陣ほかが、染色加工機の発注や工場長予定者の日本側への紹介と打ち合わせのために日本へ出張してきたのです。

私は週末にその四十代半ばの工場長Z氏と三十代前半の営業部長格の二人を京都・大阪に案内する役回りとなりました。東山の清水寺界隈が中心でしたが、午後四時頃には新幹線で大阪に戻り、なんばにある百貨店で家具コーナーほかを見学しました。

その週明けに京都駅前に事務所がある染色加工全般のコンサルタント会社から、「前田（仮名）さん、週末にZさんとどうされたんですか？」と電話がきました。「いやー、清水寺を案内して土産物屋に寄ったりしました。丁寧に話はしましたけど。大阪の高島屋では家具関係のフロアで店の人にいろいろと説明してもらったりでした」と答えました。さらにコンサルタントは、

「Zさんが前田さんに大変お世話になった。感謝しています。そのことを前田さんに伝えてほしいといわれまして。一体どんな過ごされ方をしたのか教えていただきたかったのです」と付け加えてきました。

「こっちこそびっくりですよ。本当に特にこれということはなかったと思います。英語はまあまあ通じたようです。お互いよく似たレベルでしたから」

とお返ししました。

しばらくして上司から、

「前田！Zとどんなことを話したんだ。コンサルからえらくほめられたようだけれど。どうせたいしたことはしてないだろうけど」

と話がありました。たいしたことかどうかは別にして、来年本格稼働する工場で工場長になる人から感謝されたのだから、わが社としては文句なしじゃないですか

ね、と返答してみたかったです。

一九九七年九月下旬から十月初めにかけての九日間が最後の欧州出張となりました。ドイツ・フランクフルトに寄った後にイタリアに入りました。九州の工場から染色ほかの繊維加工のエキスパートの課長町山（仮名）さんが、現地M社の工場稼働時の技術指導ということで、出張に同行しました。私は一週間もいませんでしたが、町山さんは何週間か覚悟していました。この町山さんはその翌年から数年間、M社の技術サービスのために夫人帯同で駐在することとなり、ゴリツィア市内グラディスク地区での日本人在住の先駆者となりました。同市は人口でいえばここ数十年は四万人台で推移している規模です。

一九九八年以降はM社の工場が本格稼働し、日本からは染色加工前の生機（きばた）と呼んでいる中間材料的なものを輸出しました。わが社の九州工場の生産は順調に伸びていきました。ドイツや北欧への染加工後の製品輸出も増えて、欧州における人工皮革業界でも認知される存在となっていました。すでに欧州で有名ブランドになっている日本メーカーの製品とも張り合える、と自負できるくらいになりました。そうこうしている中で、私は二〇〇〇年春に関係会社に出向して、完全に本件製品の担当から離れることになったのです。

その後のことには無関心ではありませんが、私の役割は終えたと考えていたので、半期ごとにその製品および欧州M社関係の売上状況を事業部の人に聞き合わせる程度でした。自分では仕事をやり遂げた感があったので、逆に心配はしていなかったのです。

その後にわが社はM社に対して出資を始めました。その経緯はよく知りません。S社側も一九九〇年から始まったこの事業が累積としてはおおいに利益を得た投資でした。わが社も現在に至って、イタリアでの事業展開はプラスの投資となっているはずです。相互の連携強化を象徴するものとなりました。

私はこの事業展開を通じて社内でもいろいろな人と知り合うことができました。開発部長(実質販売部長)の豊田(仮名)さん、後任の西郷(仮名)さんと川瀬(仮名)さん。私の部下で営業担当の堤(仮名)さん。事業部長の能勢(仮名)さんと山口(仮名)さん、ドイツ駐在住友(仮名)さん、大阪で技術担当の山川(仮名)さん、宮崎の技術で町山さんら枚挙にいとまがありません。仕事を通じてどのような哲学を持ち、人間としての面白さを持った人なのかを自分なりにつかみとることができました。もちろんつらいこともたくさんありましたが、そこはサラリーマンであり、当然のこととして自分で納得しながら会社生活を送っていました。

外国人もそれは同じであると思います。このプロジェクトを通じてどれほどの人と接することができたのか、今になって自分自身で振り返りたくなるのです。人事異動や担当替えはサラリーマンにとっては宿命といえます。関係会社への出向でしたが、連結グループ会社であり、同じビルの中での勤務です。事業部が変わったようなものでした。イタリアM社のことはだんだんと忘れてしまいそうでした。良い思い出とはそういうものでしょう。悪い思い出は決して忘れることはないのですが。

私が退職して一年後の夏に、事業部の現役の担当者からeメールが届きました。S社の社長父子が近いうちに来日するという内容でした。その経緯と状況について詳しくは聞けなかったのですが、二〇一五年は両社の関係を総括して終了する年となったのでした。スタートの一九九〇年からちょうど四半世紀が経過しており、一つの事業として区切りを迎えたというところでした。記念すべき期間であったといえそうです。

九月末日に京都で両社の「お別れパーティー」をするという話でした。欧州拠点で駐在していた住友さんや中野（仮名）さんと私がゲストとして参加することになりました。東山の高台寺前のイタリア料理のレストランで三時間ほどの宴に参加することができたことは、わが社における本件製品事業のOBとして胸に迫るものがありました。その時に私もスピーチ（日本語訳、一部編集）をする機会を得ました。以下に記して、本節を終えることにしたいと思います。

イタリアM社とのパーティーにて

私は一九九〇年七月に初めてM社の前身ともいうべきS社を訪れました。技術者と一緒でした。A社グループではおそらく最初の二人だったと思います。その日に両社の夕食会がありました。それから二十五年が経過して、今日LT氏父子とA社との夕食のテーブルについています。名誉あることだと思っています。

M社とわがA社の共同事業がいかにして進められたかはここにおられるみなさんがご承知のことです。M社ではLT社長はじめ、A社では杉本（仮名）せんい会社社長はじめ、ここにおられない方を含めたみなさんの今までの活躍によって、両社にとり最大限に利益を享受できたものと考えています。私がこの共同事業にいくばくかでも寄与できたとすれば、A社の従業員であった私にとってうれしい限りです。

私はすでにA社を退社しましたが、折に触れてイタリアのことを思い出します。

ベネチアやローマもすばらしい。ミラノでも何十日間か、いや百に迫りそうなる日を過ごしました。しかしながら、M社のT家の人々やAB氏がいなければ、イタリアのすばらしさも色あせたことだろうと思います。

私は妻と将来ヨーロッパ旅行しようといっています。もちろん観光もしますが、かつてイタリアの地でビジネスパートナーであった人々と会うことができれば、私が在職中どんなに意義ある仕事をしていたか、妻にも分かってもらえるであろうし、よろこんでくれると思うのです。ヨーロッパでそんな機会が訪れることを夢見ております。

A社に、そしてT家に繁栄あれ！

41. スマートフォン

「スマホの時代」と後世の歴史家がいうのでしょうか。二〇一〇年代後半の時点であれば、

「世はスマホ全盛の時代であった」

ということになります。私がいつの時期にスマホを実感したのか、なかなか特定できないのですが、帰宅途中の大阪地下鉄で、自分の周りの人たちがほとんど十人中八ないし九人が、スマホと面と向かい合っていることを認識した時でしょう。二〇一二年だったか二〇一三年だったか？

地下鉄車内のみなさんはスマホにむかって何をしているのだろうかと不思議に思うことが多かったのです。それまでは地下鉄の車内で本を読んだり、新聞に目を通したりする人が一定の割合でいました。それが今では十代から三十代と思しき人たちはほとんどスマホとにらめっこです。一方で五十代、六十代と思われる人たちが多く乗っている地下鉄では、スマホ比率が若干下がると思われます。

携帯電話の定義は難しそうです。ともかくも日本では一九八〇年前後から携帯電話が事業化されたといわれます。最初は自動車電話であり、NTTから一九八七年に「携帯電話」と称するものが発売されています。一九九〇年代の第二世代（2G）や二〇〇一年以降の3G世代（インターネットとの融合）、二〇〇七年以降の本格的なスマートフォンの登場を経て二〇一〇年代には第四世代に入りましたが、私が会社に勤めていた二〇一四年秋までは、仕事でスマホは必ずしも必要ではありませんでした。仕事ではパソコンを活用していましたし、携帯電話は必須のものとして扱われていました。退職前はパソコンでほとんど仕事を済ませていましたが、今はどうでしょうか。仕事では必ずしも必要でなければ、パソコンを何に利用するのでしょうか。

現代のスマホはパソコンの携帯タイプないしは移動式と理解しています。パソコンの作業の大部分がスマホで可能だと考えています。相互互換に近いです。ただ、現代でもビジネスではペーパーの重要性はあまり変わっていないと思います。なんだかんだといって資料なり伝達手段としてペーパーは重要な地位を占めています。

スマホは仕事や学習を離れてプライベートで活用する人が多いでしょう。そうした人たちで世の中はあふれかえっているのです。仕事帰りの人、学生・高校生が電車のなかでスマホとにらめっこをしている時、本当に何をしているのでしょうか?ライン?ゲーム?それともスポーツ中継の再生でしょうか?

私は今スマホを何に活用しているでしょうか。携帯電話、eメール、ラインはもちろんですが、主要なものはネットからの情報検索であり、情報収集です。辞書にも使い、時計、電卓、カメラとしても利用します。ラジオ番組のストリーミングも利用しています。それでも、平均的な利用者からするととても限られた範囲です。

料金の割には利用度が低そうで、コスパは悪そうです。

42．二世問題の本質と独占禁止法

二世問題がなぜ独占禁止法と関連してくるのか、いくつかの例を出しながら進めてみます。

二〇一〇年代も後半ですが、太平洋戦争が終わって七十年以上経過したということです。戦後の混乱期を経て新しい日本の秩序すなわち経済・社会の体制が出来上がって、見かけ上は安定的かも知れませんが、大きな意味では固定化されてきているということでしょう。

一つたとえれば、職業のことです。戦後のベビーブームの団塊世代（一九四七～一九四九年生まれ）があり、その一世代、たとえば三十年後として、その次の世代も出てくる訳です。自分の子どもにどんな職業を望み、どんな期待をするか？その子どものために親は何をするのか？

戦後の社会が固定化するとは、その発展が緩やかになることと同じことを意味します。社会の流動性が小さくなると指摘されるゆえんでもあります。昭和でいえば四十年代末（一九七四年）あたりまでは、いろんな人に大きな可能性があったといえます。あるいはもう少し後までかも知れません。昭和いっぱいの一九八八年ごろを目安にしてもいいのでしょうか。

以前から医者の子は医者になるのは当たり前のようでした。よほどいい職業なのだろうと思われます。私などの一般の会社員では、どうしても自分の子どもを「一般の会社員」にしたいと考えている人の比率は、低いだろうと思っています。公務員はそうではないかも知れません。公務員の子どもを公務員にさせたい比率は一般の会社員よりも高そうです。公務員といっても国家公務員、地方公務員の別を問いません。

ところで、自分の子どもを自分と同じあるいは同じ業種の職業につかせたいと思うこと自体は、とやかくいわれることではありません。問題はその職業につかせる方法です。たとえば、医者や弁護士はどうでしょうか。大まかにいって資格試験があり、一応公平性が保たれていると考えるべきです。公務員採用も試験によっており、これも一般に納得性があるとみられています。

民間企業の採用はどうでしょうか。大会社にしても不明確な部分があります。しかし、会社に入って競争があり、実力がない人は昇進レースから落伍していきます。ただし、企業の正社員という身分は保証されるのであって、採用されなかった人との比較において不公平といえます。

特に問題なのは、表面上は公平性が保たれているようで本当は全くそうではない場合です。その例として二つをあげてみたいと思います。

まずは、タレントというか芸能人です。その典型的なものが歌舞伎役者だと考えています。歌舞伎役者は小さい頃から舞台に出ます。もちろんそのための稽古はしています。血筋が大事なのだそうです。「顔よし、声よし、踊りよし」となればいいのですが、全部が全部そう、ではないと思われます。現実には養子という形で役者となる人もいる訳ですが、原則的には世襲が続いています。

「さすがに市川〇〇の子だ！」

などと言っていますが、一般に募集をしてみればもっとすばらしい役者が出てくる可能性もあるのではないでしょうか。

角度を変えてみますと、吉本興業が出てきます。元々は大阪のお笑いでしょうが、東京進出が功を奏して、今や全国ネットのお笑いの殿堂となっています。そのよしもとでも大活躍している芸人の中に、よしもとがつくったスクールであるＮＳＣ「ニュー・スター・クリエイション」出身の人は多いようです。一九八二年開校ですが、よしもとが広く人材を求めた好例であると思っています。第一期卒業生ではダウンタウン、ハイヒールや内場勝則がおり、その後も売れっ子芸能人を輩出しています。オープンな方法で芸人の卵を集めて、それを育てることをしたのですが、このオープンにというところが発想の妙といえそうです。この人たちは二世ではありません。

次に二世といえばすぐに頭に浮かぶ政治家を取りあげます。二〇一七年十月二十二日の総選挙で当選した議員の内、いわゆる世襲（二世）が二五・八％であるといいます。また、自民党は九十六人で三三・八％でした。これらは毎日新聞の調べです。同紙記事では世襲は「父母（義父母、養父母を含む）または祖父母（義理の祖父母、養子先の祖父母を含む）が国会議員」「三親等以内の親族が国会議員で同一選挙区から立候補」のいずれかに該当する場合と定義しています。

たとえ世襲の議員であっても選挙というプロセスを踏まえて当選しているのであるから、問題はないという主張があります。確かに法的な問題はないだろうし、当選した世襲議員の正当性を疑うものではありません。むしろ疑問とされなければならないのは、候補者になるプロセスです。たとえば自民党が候補者を選ぶ時にどうするのか。世襲という形を取ることが多いのです。

親の出来がよくても、その子の出来がよい確率はどの程度なのでしょうか。よりよい人材を発掘することこそ政党に課された課題の大きなものの一つです。そして問題の本質は、限られた人材の中からでは議員により適した人材を発掘して候補者とすることが難しいと考えられることです。政党がそれにより不利益を受けるというよりも国家国民が不利益を被ることが本質的な問題なのです。

要するに、国民なり社会なりが「二世」が多くなることにより、本来はもっとすばらしい人材を得ることができるのに、競争が制限されることによりメリットが享受できなくなる訳です。私のいう「独禁法違反」であり、国家国民の本来獲得できるはずのメリットを享受できなくなる訳です。

もう一度芸能界のことを述べましょう。お笑いタレントの例で充分でしょう。広くお笑いの人材を発掘できる方法を、お笑い業界として追求してもらうことを期待するのです。いいタレントが多くなればなるほど、国民はよりお笑いを享受できるはずです。

43. 東日本大震災における私の免罪符

あれから七回目の三月十一日です。東日本大震災という未曾有の災害から七年を経てその復興の軌跡が論ぜられています。新聞の見出し記事には、復興のために支出された金額は三十二兆円になるとありました。この金額が具体的にどれほどの範囲のことをいうのかは定義が難しいのですが、これほどのお金を投入しても、復興が当初予定した通り進んでいるか疑わしいと考えざるを得ません。

日本の人口が一億二千万人として、老若男女一人ひとりで割り返してみると二十七万円程度となります。七年間ではありますが、われわれ一人ひとりにそれだけ負担したという思いはあまりないでしょう。今後もあらたに復興のための「公的なお金」が税金等から投入されるであろうし、当然です。

一方で私個人は何か貢献できているのであろうかとも思います。税金を払ってきたし、税金が公的なお金の大きな部分を占めているとすれば、それでいいではないかとも考えています。それでももう少し何かできることもあるのではないかと思うこともありますし、現実に何もできていないことに後ろめたさを感じることもあります。

この震災の記憶が風化してきているといわれています。私自身も恥ずかしながら震災復興に対する感情が少しずつ薄れてきてしまっています。二〇一一年三月十一日以降しばらくの間は、連日テレビほかのニュースは地震と津波と原発の話だけといってもいいくらいでした。大阪にいる私たちにとっても、被災地・被災者のことが頭の中の大部分を占めていました。私にもそういう時期がありました。何ができるという訳でもありませんでしたが心配でした。

私は地震の翌週にあることを思いつきました。十九日（土）予定のゴルフのことでした。ゴルフですので、当然四名でラウンドします。メンバーは私の勤める出向先の商事会社の北清水（仮名）さんと会社ＯＢの中（仮名）さんおよび他社ですが北清水さんの取引先営業担当者の宮川（仮名）さんでした。年齢は私を含めてみんな五十代から六十代前半です。この四名ですが、肝心なことをだれも切り出さなかったので、確か十五日だったと思うのですが、私がゴルフを自粛したいと三名にメールで連絡しました。興味深かったのは、そのメールに対する反応でした。

北清水さんは「なぜ？」と言いました。ニュアンスとしては、自粛して何の意味があるのですかということでした。地震から間もないとはいえ、われわれは通常通りの生活ができるのであるから、その生活をやることこそ重要であって、うわべの震災に対する同情のようなものは、自己満足に過ぎないとの主張です。

中さんいわく、自粛したくなる気分は理解できるが、せっかく前からみんなで計画していたものであり、会社でもなく個人的なグループの集まりのゴルフは、そんなに気にする必要はないのではないか、との返事でした。

宮川さんは、「やっとまともな意見が出てきた」と言いました。自粛するのに賛成でしたが、みんなが前から計画してきたことであり、それを切り出しにくかった、ということでした。結局、自粛派が二人になったので、ゴルフは中止となりました。もちろん、ゴルフ場からのキャンセル料の請求はありません。

社内でもゴルフに限らず、宴会の類いは特に会社の名前が出るものは軒並み自粛となっていました。個人的なものはそれぞれの判断という、世上一般的なものに落ち着いてきました。「格好をつけて」自粛などは必要ないという北清水さんの意見も分からないことはありません。みんなが自粛すれば、社会全体で消費が落ち込み、かえって不景気となる要因にもなりかねない。そういう理屈も成り立ちそうです。

私は「格好」ではなく、本当に自粛したいと思っていたつもりでしたが、本当にそうなのか自信がなくなってしまいました。

自分がどの程度本気で自粛を考えたのかを思っていた時に、会社が入っているビルの地階の郵便局が思い浮かびました。たしか義援金を募る張り紙のようなものがあったのではないか？

さっそく「中央共同募金会　東北関東大震災義援金」に一万円の送金手続きをしました。この金額の根拠ですが、ゴルフ代・食事そのものは一万五千円程度ですが、交通費を加味して二万円弱と算定して、その約半分を寄付しました。私なりのみみっちい計算であり寄付でした。その翌週二十四日に今度は五千円の寄付を手続きしました。その計算根拠は今でも分かりません。その後に予定していたゴルフのキャンセルに関わるものだったと思っています。

私はその郵便局の二通の「払込請求書兼受領書」を今でも財布の中に入れているのですが、私なりの免罪符と思っています。私の友人で私より一桁多い単位で寄付した人もいます。

「寄付金はゼロ円でも心のなかで寄付はしている」

と社内でしゃべっている人もいました。期近に予定されたゴルフへの対応もさまざまであったし、それぞれの考え方でいいのだと思います。

そんな時に私の行動は私にとってどんな意味を持っていたのでしょうか。私の義援金は被災地の復興にとってどれだけの意味があるのでしょうか。一万五千円で何ができるのだろうかと考えることもできます。私にとっては免罪符の意味はあります。しかし、それ以外の意味はどこに見出すことができるのでしょうか。日本人の人口で割り返した一人二十七万円に比較して一万五千円がどれだけの意味を持つのでしょうか。

復興のための税金は私にとって義務であり、選択の余地はありませんが、義援金は権利であって私が選択したものでした。二十七万円は支払ったという意識がありませんが、一万五千円を寄付したという意識は今でも残っています。

大震災のことを思い出すたびに私は二通の「払込請求書兼受領書」のことを考えます。あの時の気持ちを忘れてはいけないと自分に言い聞かせるとともに、免罪されたいと願う自分の心をその都度意識するのです。

44・「ノータッチ」の会社人生を達観する

私が会社に勤め始めてから六十二歳で退職するまでの会社員生活を振り返ってみて、あの時にああやっていればよかったとか、こうやっていたらよかったなどという場面が何度となくありました。本当にあの時にそうしていれば、違ったサラリーマンでいたのではないかと高い確率で推し測れます。つまりもう少し昇進して収入も多かったのではないかということです。

私自身が退職後の生活を実体験してみて、もっと昇進して収入も多ければ、経済的にはもっと余裕のある生活ができていただろうと思います。もっとおいしいものを食べられたし、いい服も着たかも知れない。夫婦で海外旅行にも行ったかも知れない。もっとお金があれば、生活においてもっとたくさんの選択肢があったはずです。

ところが現実はそうではありません。動かしようのない現実を直視して、それにもとづく選択肢を自分で探さなければなりません。

「あの時もし…」

などと後悔しても始まらないし、この後悔するという思いを断ち切ることこそ最初の行動でなければならないのです。

私たちの世代には、できれば大学を出て、大企業に就職して定年まで勤めるという、一つの定型パターンがまだ存在していました。公務員もそれに含めていいでしょう。もちろん、大学卒業者でなくても大企業に勤めて安定した経済的生活を送る人の確率は高かったのです。これは何も日本だけではありません。たとえば米国でも同じであって、終身雇用ではないが企業間流動性が高いために、どこかで就業の機会を得ていました。経済成長による恩恵を受けていた訳です。

日本ではバブル崩壊後は十年先、二十年先も安定して働き、収入を得るという会社員の比率が大きくダウンしました。私の場合はその点ではラッキーでした。私が勤めた会社グループには人員合理化、リストラは基本的にありませんでした。昇進やそれなりのポストに就く機会は減りました。収入も多くの人が頭打ちにあいましたが、それでも世間的にみれば、決して低い水準ではありませんでした。普通に勤めていれば、退職後に経済的に困ることはほとんどないはずです。大した昇進もしていない私ですが、公的な年金や企業年金・退職金で贅沢はできなくても、経済的に困る訳ではありません。

私ももっと昇進したかったし、収入も増えてほしかったと思います。しかし、それは叶いませんでした。その意味においては残念ですが、だからといって後悔の念にさいなまれるということでもありません。会社人生という意味では、ある時点で昇進をあきらめざるを得なかったし、「先が見えた」のでした。

社内である昇進に関わる時期に非常にアンラッキーと自分には思えたことがありました。理由はともかくも、結果はダメでした。なぜそうなったのかについて、自分で反芻してみましたが、それで答えが出るはずもありませんでした。

私はその後時どき会社員としての目的とは一体何かを考えてみることがありました。会社の中には激しい出世競争があります。それはいい役職を得て、高い収入を得ることとイコールであればまだいいのですが、いつしか出世そのものが目的となってはいないでしょうか。さらにいえば競争に勝つことそのものが目的ではないかと思わされるような人もいました。

反論も予想されます。会社をよくするために自分自身が昇進して、しかるべき役職につき、会社での権限を行使するのだと主張されるかも知れません。では、反対に問いかけます。あなたがその役職につくよりもある人Xさんがその役職につくほうがいいと思ったりすることはないですか。なぜあなたでなければならないのですか。あるいは、

「役職は収入とリンクしている。より高い収入を得るためにはその役職につかなければならないのだ」

と言われるかも知れません。本当に高い収入を得ることが最大の目的ですか？

そんな時に変な上司に当たったらどうでしょうか。

「なんで自分はこんなひどい上司と会社で時間を過ごさなければならないのか？

社内のAさんはいいところに配属されて、周りにも恵まれてエリートコースに乗った。それに引き換えて自分はどうだ？」などと考えることも多いでしょう。

私自身のことでいえば、自分が会社でどんなことをやるべきなのかを見失っているかも知れないと自分で悟った時に、落ち着きを取り戻した気がしています。

「人生はいろいろあるのだ。会社でもいろいろあるのだ。自分も出世競争で負けたくはないし、負けないだけの努力もした。それ以上頑張ることはなんの意味があるのか。会社のためにやっているのではない。社会のためにやっているのでもない。自分自身の虚栄心を満たすためではないだろうか」といくたびか思ったものです。

四十代も後半、あるゴルフの本に「ノータッチ」の哲学のようなものを見出した時に心を動かされたのです。ゴルフを知らない人にとっては何のことかと思われるでしょうが、要するにゴルフというプレーの環境を「あるがままに」受け入れて、そのなかで常に最善を尽くすということです。

たとえば、私がボールを打った時に風が吹いてスコアが悪くなったとか、私のボールが穴ぼこに入ってしまって、次がうまく打てないなどという場合です。

「そういうこともある、すなわちゴルフはそういう自然環境のなかでプレーするものだ」

ということを悟って、それでもなおかつその状況のなかで最善を尽くすことです。ほかのプレーヤーは追い風が吹いてボールがハザードを越えて絶好のポジションに止まったとか、そのプレーヤーが打った時だけ風がやんでボールがまっすぐに飛んだなどということは考えないことです。かつ、自分自身は最善を尽くしたと思って後悔しないことです。

　これをそのまま会社人生に当てはめてみます。

「あいつがなぜ出世するのだ。あの時の営業部の業績を飛躍的に向上させたのは自分がいたからなのに、なぜ自分が認められないのか」

などと言っても始まらないのです。会社ではいろいろなことがあるのであって、自分の思う通りにはいかないのが常です。せっかく自分が頑張って部の営業成績を上げたのに、トンビに油揚げをさらわれることだってあるでしょう。

「あいつが昇進して自分は何だ！」

そういう気持ちはだれしも抱くでしょうが、それでは何も始まらないと悟るべきではないでしょうか。

私は会社員として収入を得ることによって生計を立てていましたが、自分の経済的なセーフティネットを考えていました。会社でクビにならなければそれでいいのではないかということです。極論すれば、

「定年まで会社にいられれば親子三人はなんとか生活できる。その後は年金暮らしでもなんでもいいから、食うに困ることはないだろう」

そんな境地に至っていました。

執行役員だ、取締役だといってもほんの一部の人にしか縁のないものです。ただ、事業部長とか役員であれば、おそらくは仕事そのものが飛躍的に面白くなるでしょう。自分の意志が反映されやすくなるし、大きな権限も行使できます。私としては、たとえ給料が同じであってもやってみたい仕事ではありました。

ゴルフでいえば、上級者のようないいスコアである70台とか80台の前半でラウンドできればいいに決まっています。そうではなくて自分は中級者なのか、初級者なのか、あるいは初心者のスコアが期待値なのかをよく自覚することです。これを

再度自分の会社生活に当てはめることです。

自分の大体の実力というものがあります。ある時期調子がいいこともあるし、もちろん調子が悪い時もあります。まず、自分の設定する経済的な最低レベルをクリアしていることが確認できれば、後は自分で選択していけばいいのではないでしょうか。だれのせいにするのでもなく、会社という環境のなかにあって、その状況に応じて自分が自身の責任において進むことが重要だと思っています。

ただし、その場合に正々堂々とやることです。会社員それぞれの考えがあるでしょうが、会社における競争といえどもフェアであるべきというのが私の考え方です。このフェアというのは各人がもっている人間性にもとづく正義感です。

もう一度ゴルフの例に戻らせていただきます。自分の打ったボールが穴にはまっていたとします。ノータッチでやるかどうかです。六インチプレスを認めたルールであれば、六インチ（約一五センチメートル）以内にボールをプレスすることもOKです。確かにこのプレスによってボールを打ちやすいところに置ける場合も可能性としてあります。しかし六インチを超えていませんか？（実際はごまかす人が多いのです）なぜ本来はこの例外的な規則を、あたかも基本ルールのように活用しようとするのでしょうか。

ノータッチでやればいいじゃないですか。ほかに考える必要はないでしょう。六インチ動かせばギリギリOKかも知れませんが、私は好きではありません。ましてや六インチ以上動かしているのはひどい反則です。そんなにまでしてスコアメークしたいのでしょうか。

「第一ゴルフが面白くないでしょう」

と言いたいです。自然と闘うゴルフの醍醐味が失われてしまいます。

会社人生もそうでしょう。反則や反則すれすれのことをして面白いとは思いません。ラッキー、アンラッキーがあっても、それぞれの状況のなかにあって、精一杯頑張ることに意義を感じてきました。法令はもとより会社規則その他もありますが、自分自身で自分の判断基準をつくって会社人生を送ることによって、私は会社員としての充実感を味わってきました。

二〇一〇年代後半に入った現代でも会社における出世競争は変わらないでしょう。それ自体は別に悪いことでもないのですが、フェアにいきましょう。そして、ラッキーなこととアンラッキーなことに出くわすでしょうが、それが会社人生だと達観してみてはどうでしょうか。これにより自分の能力を高める契機ともなりますし、会社人生の面白みにもつながると考えるのです。

45・ビジネスエリートの歴史的教養

ビジネスエリートを志す人にとっていろいろな要素が必要だと思われますが、その中の一つである歴史をベースにした教養について述べてみたいと思います。本当にそんな教養が必要なのかと質問されるかも知れませんが、私はそうだと思っていますし、特に二十一世紀のグローバル化されたビジネス世界では、重要な要素です。

私は、仕事を通じたり、日々の生活の経験から、あるいは読書などで調べたものなどをベースにするのですが、広く教養であり、そのなかの歴史的な要素を知ることで自分の世界が開けるのだと思っています。私の歴史観の一つの視点ですが、これを話すのが近道でしょう。

ウィンストン・チャーチルの『The Second World War（第二次大戦回顧録）』を読んだことによって、私のそれまでの歴史に対する認識が大きく広がったような気がしています。原書は六部で膨大です。日本語訳では文庫本で二十一冊です。この大作を語るのは専門家に任せるとして、私は一点にしぼって述べてみたいと思います。

著者いわく、第二次世界大戦は第一次世界大戦およびその戦後処理の結果により起こったものです。それではその発端であるドイツとはどういう国であったのでしょうか。一八七一年の統一ドイツ帝国は、面積が今の東西再統一ドイツの一・五一倍でした。現在のフランスの国土面積とほぼ同じです。そして重要なのは統一帝国成立時には、欧州の地図からポーランドという国が消えていて、そのかなりの部分がこの帝国の中にあったことです。

私たち一般日本人にとってはポーランドのことはあまり関心がないと思われます。しかし欧州人にとっては無関心ではいられません。第一次世界大戦が終わった一九一八年の後にポーランドは復活しました（地域や面積は変化）。そして今度は一九三九年にドイツとソ連により分割占領されたのです。第二次世界大戦後には地域を変えて復活しました。ドイツとロシア（ソ連）という大国に挟まれた小国の厳しすぎる歴史です。

ナチスドイツによるホロコーストの象徴ともいうべきアウシュヴィッツの強制収容所ですが、現在のポーランドにあったことを知っている日本人はどのくらいいるでしょうか。ましてやなぜそこにつくられたのかを、それなりの根拠をもって説明できる人はどのくらいいるでしょうか。

ポーランドにはユダヤ系住民が多かったのです。一九三九年には人口の七%を占めたといわれています。一九三九年九月に第二次世界大戦が始まりました。ドイツのポーランドへの侵入(ソ連も同月に侵入)に対する英仏の宣戦布告がありましたが、その直前にドイツとソ連とは不可侵条約を結んでいました。

さて、ナチスドイツは翌一九四〇年五~六月の電撃作戦によりフランスを降伏させせました。これによりヨーロッパの西部・中部を征服し、西は海を挟んでイギリスを孤立させ、降伏寸前に追い込んだのです。後は東部で対峙するソ連とどうするかでした。歴史はすぐに答えを出してくれました。一九四一年六月に独ソ戦が始まり、米国が連合国に加わるなどして、やがてはナチスドイツの降伏となります。一九四五年五月のことです。

私が多少なりとも歴史のことが分かるようになったのは一九六〇年代後半です。学生時代を含めて一九七〇年代半ばくらいには自分の歴史認識がある程度確立したものになっていました。一九四〇年代生まれの日本人は左翼支持が多いのです。一九六〇年代から一九七〇年代にかけては自民党の長期政権であるとともに社会党・共産党の左翼と対峙する時代でもあったのです。特に外交政策においては明確な対立がありました。背後には東西冷戦もありましたが、自由主義と共産主義の対立がそのまま日本にも当てはまったのです。
ヨーロッパにおいても、第二次世界大戦後はソ連崩壊の一九八九年まで、西ヨーロッパ諸国においても左翼が一定の力を持っていました。特にフランスやイタリアが代表です。ソ連軍ではなくアメリカやイギリスの軍が占領し開放した国においてさえ、なぜ共産党が大きな力を数十年にわたって持つことができたのでしょうか。それは第二次世界大戦中にナチスドイツの占領（ないしこれに類すること）を経験したからだと考えます。

このことは当然ながら東欧諸国のポーランドやユーゴスラビアなども同じ理屈で説明できそうです。ナチスドイツの占領下にあったかなかったかが決定的要素です。第二次世界大戦前から大戦の半ばまでナチスドイツの占領下にあった地域では、後にソ連軍に占領された方がまだましと考えた人が多くいたのだろうと考えるのです。東ドイツの消失、ソ連の崩壊という大きな転換を見るまでは、ナチスよりソ連の方がまだましと思っていたとも考えられるのです。特にソ連の崩壊によって「社会主義国」の実態が明らかになるまでは、そう思ってもおかしくないくらい、ナチスドイツが恐ろしかったのです。

日本はどうでしょうか。アメリカの占領下が一九五二年まで及びましたが、占領が終わった時点でさえも左翼は力を持っていました。アメリカの自由主義的な体制を保証されたうえでなおかつ共産主義思想は一定の大きな力を持っていたのです。なぜでしょうか？これは戦争が終わるまで続いていた軍国主義の影響です。ヨーロッパのファシズムと日本の軍国主義の中に流れる右翼全体主義です。戦後この対極となる勢力そのものがほぼ左翼とイコールとなったと考えます。

二十一世紀に入り日本では急激に左翼の共産党・旧社会党系の勢力が小さくなりましたが、これは時の経過とともに軍国主義の脅威を感じる人が急激に減ってきたからです。単に保守的な若い人が増えたからではなく、軍国主義を知る人あるいはそれに影響を受けた人が減っていることのほうがより重要です。

そのことは現代の日本人にとって重要な問題と接することになりました。中国との関係です。韓国を含めてもいいでしょう。中国が政治的に日本の軍国主義政策を執拗についてきています。日本はヨーロッパにおけるファシズム、とりわけナチスドイツに占領されたことのある国を考えるのと同じレベルで、対中国や韓国のことを考える必要があると思います。

日本にとってヨーロッパよりも問題を難しくしていることがあります。日本の軍国主義による中国の部分的地域の占領とナチスドイツのヨーロッパ占領をイコールとしてみましょう。その時にヨーロッパは米英なりソ連の軍が「解放」していますが、中国はどうでしょうか。米英なりソ連による「解放」ではなく、日本の米英に対する敗戦により、日本軍が事実上消滅した訳です。「解放軍」は米英でもなくソ連でもなく、自国でもない訳です。それを中国は「自国解放軍」とする訳です。

ポーランドがナチスドイツの戦争犯罪を追及するのと同じく、中国は軍国日本を追及するのです。しかも占領されたポーランドと「解放」したソ連とが一緒になったのと同じ理屈で、占領された国と解放した国が同一国という強力な論理的構造で日本に対抗してくるのです。私たちはこの一つの視点を忘れてはならないのです。

大戦の一連の流れの中で指摘しなければならないのは、ヨーロッパ戦線の末期の米英とソ連との対立でしょう。私は歴史の専門家ではありません。あくまでもチャーチルの著作に対する理解という限定を付け加えます。また私の英語力の限界も含めたうえです。一九四四年六月の米英軍中心のノルマンディー上陸作戦でナチスドイツの敗北が決定的になった段階から、ドイツ降伏後の政策について米英とソ連との対立が明らかになっていきます。元々原爆は米英が、ドイツが先に開発完成させるのではないかと恐怖を覚えたことにより推進したものでしょう。歴史に「もし」はないのですが、ナチスドイツが先に原爆を完成させていたらどうなっていたのでしょうか。

次ももう一つの「もし」でしょうが、アメリカのルーズベルト大統領が一九四五年二月に死去しなければどうなっていたのでしょうか。後継者であるトルーマン大統領は原爆投下を決定しましたが、これにはチャーチル英首相の強い支持があったと推測するのです。トルーマン大統領は歴史の大きな転換点に立ち会って重大なる決定をしなければならない人物としては、あまりに政治的経験が浅い人であったはずです。その時チャーチル英首相の主張に乗ることに賭けたのでしょう。少なくとも私は彼の著作からそう解釈したのです。

原爆投下により、ソ連はヨーロッパにおける軍事行動に大きな制限を受けることになりました。あるいは、アジア日本に対する政策にもおおいに影響しました。原爆投下は米英ソによる戦争処理のなかで生まれ出たものであると解釈します。

余談ながら、トルーマン大統領の座右の銘である「私が最終的に責任を取る」（The buck stops here.）は、自分自身で取りきれない責任を負った人物であるからこそいえることばだと思うのです。原爆投下より重い決定はこの地上ではありえません。それ以降大統領として行う決定というのは原爆のことを思えば小さなことであると。さらにいえば、その決定を自分自身で行わなければならなかったことを、チャーチル首相に意見を求めて、それを受け入れたことをも意味するのではないかとさえ、私は想像するのです。

これらのことを歴史観というのは大げさかも知れません。単なる一般人の偏った見方という批判もあってしかるべきでしょう。しかし私は、社会におけるリーダーなりビジネスエリートは、ものごとを決定してそれに基づいて行動をしなければならないはずだと思っています。同時に、その決定あるは判断というものを何に基づいて行うのかというよりどころ、つまりは基準が必要です。私はその基準の一つとして歴史観に求めるべきではないかと考えるのです。

例が卑近なものになります。ある日本の大企業のリーダーであるあなたが、東欧でしかるべき合弁事業をして現地に大きな工場を建てようと計画します。ポーランドに建てますか。ルーマニアに建てますか。何百億円あるいは一千億円を超える投資であれば、現地の自社駐在員や情報通(日本の大手商社)、コンサルタント、ジェトロその他を活用して、あらゆるフィージビリティスタディ（事前可能性調査）を行うでしょう。その人たちの意見を聞いて決定するだけでいいのでしょうか。社長である自分の独断的決定とならないようにしつつも、意見を聞く人たちがどのような人かを知らなくてはいけないでしょう。コンサルタントの報告書がポーランドの複雑な歴史や政治体制、ロシアとの関わりそのほか、社長として観ておくべき視点を網羅した上でのコンサルタントの報告なのでしょうか。ほかの取締役は東欧の事情をよく把握したうえで意見を述べて、取締役会での議決に臨んでいるのかを社長としてチェックする必要があるはずです。

中国ではどうでしょうか。対日感情はどうでしょうか。上海では、杭州ではどうか。大連ではどうか。コンサルタントの報告は果たして正しいのかどうか。現地の商社もこうだ。銀行の情報はどうか。大きな取引や投資であればあるほどその判断・決定は難しくなります。その時、自分は責任を持って決定しなければなりません。その判断基準の一つに歴史観を持っていることが自分の決定に対する自信になり、救いになると思っています。

中国は日本の軍国主義に自力で勝ち抜いたと思っている国です。また、そう教育されてきた世代が今やビジネスでも中心的な世代を占めています。現代の日本で教育を受けた人が、中国の歴史や社会の動きをそれほど知らない日本人が作成した報告書や情報で大きな判断をするのでしょうか。

リーダーなり経営者はその判断や決定に責任を持たなければなりませんが、それはそのことによる影響が大きいからです。また、その判断や決定のよりどころを示してかつそのことを残しておかなければならないと、私は考えるのです。ビジネスエリートになることの第一歩は自身が大きな責任を負うことになるのだという自覚を持つことだと考えるのです。

著者紹介

後山　茂（あとやま・しげる）

一九五二年、大阪市生まれ。一九七七年、神戸大学経営学部卒業。

一九七七年、旭化成工業（現旭化成）入社。主に繊維貿易部門で資材原料の輸出営業に従事。

特に一九七九年から一九九八年までの二十年間に欧米、アジアなど二十八か国、約七百日出張。

二〇〇〇年からグループの商事会社に出向して管理部門に従事。

二〇一四年、旭化成を退社し、現在は執筆に専心。

著書に『脱サラ作家の国際人論』（ふくろう出版、二〇一七年）がある。

ビジネスエリート
～国際企業人のエピソード45選～

2019年7月10日　初版発行

著　者　後山　茂

発　行　ふくろう出版
〒700-0035　岡山市北区高柳西町 1-23
友野印刷ビル
TEL：086-255-2181
FAX：086-255-6324
http://www.296.jp
e-mail：info@296.jp
振替　01310-8-95147

印刷・製本　友野印刷株式会社

ISBN978-4-86186-745-3 C0095